W0191355

E D I T I O N   M A R I T I M

BIBLIOTHEK DER MEERE

Joachim Ringelnatz

—

ES RAUSCHT WIE FREIHEIT. ES RIECHT WIE WELT...

Vom Seemann Kuttel Daddeldu

Aus meinem Schiffstagebuche

Seegedichte

EDITION MARITIM

Bibliografische Information Der Deutschen Nationalbibliothek
Die Deutsche Nationalbibliothek verzeichnet diese Publikation in der
Deutschen Nationalbibliografie; detaillierte bibliografische
Daten sind im Internet über http://dnb.d-nb.de abrufbar.

1. Auflage
ISBN 978-3-89225-582-6
© 2007 Edition Maritim GmbH
Raboisen 8, 20095 Hamburg

Umschlag: Buchholz/Hinsch/Hensinger, Hamburg
Titelmotiv: Joachim Ringelnatz von Albert Schindehütte,
farbige Tusche laviert, 2006
Satz: Hans Kock Buch- und Offsetdruck GmbH, Bielefeld
Druck: GGP Media GmbH, Pößneck

Printed in Germany 2007

Vertrieb: Delius Klasing Verlag, Siekerwall 21, 33602 Bielefeld
Tel.: 0521/559-0, Fax: 0521/559-114
E-Mail: info@delius-klasing.de · www.delius-klasing.de

INHALT

KUTTEL DADDELDU ODER DAS SCHLÜPFRIGE LEID

—

VOM SEEMANN KUTTEL DADDELDU

Eine Bark lief ein in Le Haver
Von Sidnee kommend, nachts elf Uhr drei.
Es roch nach Himbeeressig am Kai,
Und nach Hundekadaver.

Kuttel Daddeldu ging an Land.
Die Rü Albani war ihm bekannt.
Er kannte nahezu alle Hafenplätze.

Weil vor dem ersten Hause ein Mädchen stand,
Holte er sich im ersten Haus von dem Mädchen
   die Krätze.

Weil er das aber natürlich nicht gleich empfand,
Ging er weiter, – kreuzte topplastig auf wilder Fahrt.
Achtzehn Monate Heuer hatte er sich zusammen-
   gespart.

In Nr. 6 traktierte er Eiwie und Kätchen,
In 8 besoff ihn ein neues straff lederbusiges Weib.
Nebenan bei Pierre sind allein sieben
   gediegene Mädchen,
Ohne die mit dem Celluloid-Unterleib.

Daddeldu, the old Seelerbeu Kuttel,
Verschenkte den Albatrosknochen,
Das Haifischrückgrat, die Schals,
Den Elefanten und die Saragossabuttel.
Das hatte er eigentlich alles der Mary versprochen,
Der anderen Mary; das war seine feste Braut.

Daddeldu – Hallo ! Daddeldu,
Daddeldu wurde fröhlich und laut.

Er wollte mit höchster Verzerrung seines Gesichts
Partu einen Niggersong singen

Und »Blu beus blu«.
Aber es entrang sich ihm nichts.

Daddeldu war nicht auf die Wache zu bringen.
Daddeldu Duddel Kuttelmuttel, Katteldu
Erwachte erstaunt und singend morgens
    um vier
Zwischen Nasenbluten und Pomm de Schwall auf
    der Pier.

Daddeldu bedrohte zwecks Vorschuss den
    Steuermann,
Schwitzte den Spiritus aus. Und wusch sich dann.
Daddeldu ging nachmittags wieder an Land,
Wo er ein Renntiergeweih, eine Schlangenhaut,
Zwei Fächerpalmen und Eskimoschuhe erstand.
Das brachte er aus Australien seiner Braut.

DADDELDUS LIED
AN DIE FESTE BRAUT

Lat man goot sin, lütte seute Marie.
Mi no ssavi!
Ich habe deine Photographie
In der Meditteriniensi
Weit draußen auf dem Meere
Damals verloren,
Als ich bei den Azoren
Mit der Bulldog beinah versoffen wäre. –

Bulldog aheu!

Swiethart! Manilahaariges Kitty-Anny-Pipi –
Oder wie du heißt –
Bulldog aheu!
Bei Jesus Chreist
Ich war – seit Konstantinopel – dir immer treu.

Scheek hends ! Ehrlich und offen:
Ich bin gar nicht besoffen.

Giff öss e Whisky, du, ach du! Jessus Chreist!

Skool! bleddi Sanofebitsch – Ohne Spott:
Ich glaube, dich hat der liebe Gott
An einem Sonntag zusammengespleißt.
Weißt du, was du bist: Weißt?
Hör mich einmal ernsthaft auf mich.
Du – du bist – mein zweites Ich.
Du musst mir mal deinen Namen ausbuchstabieren,
Hein soll mir das auf den Arm tätowieren.

Mary, mach mal deinem Daddeldu
Die Hosentür zu.

Ich habe noch immer die graue Salbe von dir,
Das ist ganz egal; das ist auch ein Souvenir.
Wer mir die Salbe nimmt –
Ich bin der gutmütigste Kerl, glaub es mir;
Ich habe noch keinem Catfisch ein Harr gekrümmt –
Wenn ich zurück bin aus Schangei,
Wie Gott will hoffen, –
Wer mir die Salbe nimmt,
Dem hau ik die Kiemen entzwei.

Bulldog aheu! Ich bin nicht besoffen.
Wirklich nicht!
Wirklich nicht!
Wer mir die Salbe krümmt,
Dem renn ich die Klüsen dicht. –
Komm her, Deesy, wir schlagen die Bulldog entzwei.
Wenn ich aus Kiatschu, Kiatschau –
Porko dio Madonna! –
Mary, du alte Sau,
Wer dir die Salbe stiehlt aus Schangei,
Der wird einmal Kapitän Daddeldus Frau.

SEEMANNSTREUE

Nafikre necesse est.
Meine längste Braut war Alwine.
Ihrer blauen Augen Gelatine
Ist schon längst zerlaufen und verwest. –

Alwine sang so schön das Lied:
»Ein Jäger aus Kurpfalz«.

Wie Passatwind stand ihr der Humor.
– Sonntags morgens wurde sie bestattet
In der Heide, wo kein Bäumchen schattet,
Und auch ihre Unschuld einst verlor.

Donnerstags grub ich sie wieder aus.
Da kamen mir schon ihre Ohrlappen
So sonderbar vor.

Freitags grub ich sie dann wieder ein.
Niemand sah das in der stillen Heide. –
Montags wieder aus. Von ihrem Kleide,
Das man ihr ins Grab gegeben hatte,
Schnitt ich einer Handbreit gelber Seide,
Und die trägt mein Bruder als Krawatte. –

Gruslig wars: Bei dunklem oder feuchten
Wetter fing Alwine an zu leuchten.
Trotzdem parallel zu ihr verweilen
Wollt ich ewiglich und immerdar.
Bis sie schließlich an den weichen Teilen
Schon ganz anders und ganz flüssig war.

Aus. Ein. Aus; so grub ich viele Wochen.
Doch es hat zuletzt zu schlecht gerochen.
Und die Nase wurde blauer Saft,
Wodrin lange Fadenwürmer krochen. –
Nichts für ungut: Das war ekelhaft. –
Und zuletzt sind mir die schlüpfrigen Knochen
Ausgeglitten und in lauter Stücke zerbrochen.

Und so nahm ich Abschied von die Stücke.
Ging mit einem Schoner nach Iquique,
Ohne jemals wieder ihr Gebein
Auszugraben. Oder anzufassen.

Denn man soll die Toten schlafen lassen.

DAS GESELLENSTÜCK

Mahagoni auf Eiche furniert.
Deckel sauber scharniert.
Alle Bretter gefedert, gespundet.
Die Ecken fein weich gerundet.
Die Seitenwände mit tiefgeschnitzter
Weintrauben und Schellfischen geziert.
Das war bei Weber in Osnabrück
Mein Gesellenstück.

Selbst Wasmann und Peter sagten 1910:
Solch einen Sarg hatten sie noch nie gesehn.

Ohne mich rühmen. Das soll einer machen.
Und dabei alles selber gemacht.
Die Griffe kupfergeschmiedete Drachen,
Die Füße gedrechselt
    (((Acht, sacht, Pracht, lacht, gedacht))),
Auf den Deckel in Rundschrift fein säuberlich
Eingebrannt: »Sarg für Frau (Doppelpunkt Strich)«.
Inwendig ein rosshaargepolstertes Bett,
Rosa Pünktchen auf Gelb-Violett.
Ich habe manchmal des Studiums wegen
24 Stunden darin gelegen.
Da war ein durch schöne Bilder verdecktes
Speiseregal zur linken Hand,
Wo Camembert, Zwieback und Butter stand
Und Trockengemüse und Eingewecktes. –

Auf den leisesten Druck mit der Zehe im Schlaf
Löste sich zu Fußende ein Kinematograph
Und zeigte abwechselnd »Brudermord«
Und »Torpedoangriff an Steuerbord«.
Alle zwei Stunden von selbst automatisch
Spielte ein Grammophon ganz zart:
»Ich bin der Doktor Eisenbarth.«

Außerdem roch es dort sehr sympathisch
Nach Moschus, Kampfer und kalter Küche.
Von wegen die Leichengerüche.

Und dann die Technik und das Komfort:
Kalender, das Telefon rechts am Ohr,
Glühbirnen und Klingeln. Ein tolles Gewirr.
Auch ein kleines, versilbertes Nachtgeschirr. –
Und Wasserstandglas und Thermometer.
Kurz herrlich! herrlich! – Wasmann und Peter
Hätten mir glattweg fünftausend Mark
Und doppelt soviel gezahlt für den Sarg.
Und das war damals ein Geld, wenn man's denkt.

Aber ich hänge nicht so am Golde. –
Und so hab ich ihn dann meiner Tante Isolde
Zum 70. Geburtstag geschenkt.

DAS GESCHWÄTZ IN DER BEDÜRFNISANSTALT IN DER SCHELLINGSTRASSE

Heute wurde Geld eingesammelt,
Wo ich angestellt bin, in dem Büro,
Für die Frau von jemand, der sich erhängte.
Eine Büchse ging rum. Und jeder schenkte.
Drei Mark; das ist bei uns immer so.

Es braucht niemand zu wissen, wodran ich bin.
Ich habe das Geld meiner Mutter gestohlen.

Ich habe noch gestern acht Mark für Kohlen
Bezahlt. Und die Alte stumpft doch bloß so hin.

Und bei ihrer Schwindsucht und sowieso
Kann es ja doch nicht mehr lange währen.
Ich kann auch nicht ewig fünf Menschen ernähren
Bei der Arbeit in dem Büro.

Ich möchte mal wieder eine Muhsik hören;
Das stimmt einen wieder mal froh.

DIE LUMPENSAMMLERIN

Hält sie den Kopf gesenkt wie ein Ziegenbock,
Ihre Gemüsenase,
Ihr spitzer Höcker, ihr gestückelter Rock
Haben die gleiche farblose Drecksymphonie
Der Straße.
Mimikry.

Selbständig krabbeln ihre knöchernen Hände
Die Gosse entlang zwischen Kehricht und Schlamm,
Finden Billette, Nadeln und Horngegenstände,
Noch einen Knopf und auch einen Kamm.

Über Speichel und Rotz zittern die Finger;
Hundekötel werden wie Pferdedünger
Sachlich beiseite geschoben.
Lumpen, Kork, Papier und Metall werden
aufgehoben,
Stetig – stopf – in den Sack geschoben.

Der Sack stinkt aus seinem verbuchteten Leib.
Er hat viel spitzere Höcker.
Er ist noch ziegenböcker
Als jenes arg mürbe Weib.

Schlürfend, schweigsam schleppt sie,
   schleift sie die Bürde.
Wenn sie jemals niesen würde,
Was wegen Verstopfung bisher nie geschah,
Würde die gute Alte zerstäuben
Wie gepusteter Paprika. –

Und was würde übrig bleiben?
Eine Schnalle von ihrem Rock,
Sieben Stecknadeln, ein Berlock,
Vergoldet oder vernickelt.
Vielleicht auch: vielmals eingewickelt
Und zwischen zwei fettigen Pappen:
Fünfzig gültige, saubere blaue Lappen.

Irgendwo würde ein Stall erbrochen,
Fände man sortiert, gestapelt, gebündelt,
    umschnürt
Lumpen, Stanniol, Strumpfenbänder und Knochen.

Was hat die Hexe für ein Leben geführt?
Vielleicht hat sie Lateinisch gesprochen.
Vielleicht hat einst eine Zofe sie manikürt.
Vielleicht ist sie vor tausend Jahren als
    Spulwurm
Durch das Gedärm eines Marsbewohners gekrochen.

DAS GESEIRES EINER
AFTERMIETERIN

Meine Stellung hatte ich verloren.
Weil ich meinem Chef zu hässlich bin.
Und nun habe ich ein Mädchen geboren,
Wo keinen Vater hat, und kein Kinn.

Als mein Vormund sich erhängte,
Besaß ich noch das Kreppdischingewand,
Was ich später der Anni schenkte.
Die war Masseuse in Helgoland.

Aber der bin ich nun böse.
Denn die ließ mich im Stich.
Und die ist gar keine Masseuse,
Sondern geht auf den –

Mir ist nichts nachzusagen.
Ich habe mit einem Zahnarzt verkehrt.
Der hat mich auf Händen getragen.
Doch ich habe mir selber mein Glück zerstört.

Das war im Englischen Garten.
Da gab mir's der Teufel ein,
Dass ich – um auf Gustav zu warten –
In der Nase bohrte, ich Schwein.

Gustav hat alles gesehn.
Er sagte: Das sei kein Benehmen.
Was hilft es nun, mich zu schämen.
Ich möchte manchmal ins Wasser gehn.

NOCTAMBULATIO

Sie drückten sich schon beizeiten
Fort aus dem Tanzlokal
Und suchten zu beiden Seiten
Der Straße das Gast- und Logierhaus Continental.

So dringlich: Man hätte können glauben,
Er triebe sie vorwärts wie ein Rind.
Und doch handelten beide im besten Glauben.
Er wollte ihr nur die Unschuld rauben.
Sie wollte partout von ihm ein Kind.

Da geschah es, etwa am Halleschen Tor,
Dass Frieda über dem Knutschen und Schmusen
Aus ihrem hitzig gekitzelten Busen
Eine zertanzte, verdrückte Rose verlor.

Und ein sehr feiner Herr, dessen Eleganz
Nicht so rumtoben tut, folgte den beiden.
Jedoch hielt er sich vornehm bescheiden
Immer in einer gewissen Distanz.

Er wollte ursprünglich zum Bierhaus Siechen.
Aber nun hemmte er seinen Lauf,
Zog die Handschuh aus, hob die Rose auf
Und begann langsam daran zu riechen.

Er wünschte aber keinen Augenblicksgenuss;
Deshalb stieg er mit der Rose in den Omnibus.
Derweilen war Frieda mit ihrem Soldaten
Auf einen Kinderspielplatz geraten.
Dort merkten sie nicht, wie die Nacht verstrich

Und dass ein unruhiger Mann mit einem Spaten
Sie dauernd beschlich.
Als sich nach längerem Aufenthalt
Das Paar in der Richtung zur Gasanstalt
Mit kurzen, trippelnden Schritten verlor,
Sprang der unruhige Mann plötzlich hervor.
Und fing an, eine Stelle, wo er im Sand
Die Spur von Friedas Stiefelchen fand,
Mit seinem Spaten herauszuheben.
Worauf er behutsam mit zitternder Hand
Die feuchte Form in ein Sacktuch band,
Um sich dann leichenblass heimzubegeben.

Wie um das dümmste Mädchen
Sich sonderbare Fädchen
Nachts durch die Straßen ziehn –
Die Dichter und die Maler
Und auch die Kriminaler,
Die kennen ihr Berlin.

CHANSONETTE

War ein echter Prinz und hat Warzen im Bett.
Und kniete vor jeder Schleife.
Vaters Leiche lag auf dem Bügelbrett
Und roch nach Genever und Seife.

Wenn der Pfaffe unter meine Röcke schielt,
Sagt die Alte, werd' ich Geld bekommen.
Meinem Bruder, der so schön die Flöte spielt,
Haben sie die Nieren rausgenommen.

Glaubst du noch an Gott? und spielst du Lotterie?
Meine Schwester kommt im Juli nieder.
Doch der Kerl ist ein gemeines Vieh.
Schenk mir zwanzig Mark; du kriegst sie wieder.

Außerdem: ich brauche ein Korsett,
Und ein Nadelchen mit blauen Steinen.
In ein Kloster möcht ich. Oder bei's Ballett.
Manchmal muss ich ganz von selber weinen.

STIMME AUF EINER
STEILEN TREPPE

Drei Söhne hab ich bei die Ulanen verloren,
Mein Mann fiel aus dem dritten Stock.
Aber – es wird lustig weitergeboren!
Ich habe nur noch den einen, den Umstandsrock.

Macht es mir nach: Werdet schwanger, ihr Weiber!
Alle Weiber müssen schwanger sein.
Dann springen die Männer vor eure geschwollenen
    Leiber
Links und rechts beiseite und sind ganz klein.

Aller Anfang ist schwer.
Pfeift auf die Fehlgeburten und Missgeburten. –
Wenn nicht immer mal wieder zwei Menschen
    hurten,
Blieben zuletzt die Wirtshäuser leer,
Gäb's keine Soldaten mehr.

Die Schweinerei ist nun doch einmal Sitte und
    Brauch.
Gott hat uns Weiber zu Schöpferinnen gesalbt.
Schiebt also trotzig euren geladenen Bauch
Über die Friedhöfe hin. – Und kalbt!

WORTE EINES DURCHFALLKRANKEN STELLUNGSLOSEN IN EINEN WASCHKÜBEL GESPROCHEN

Bloß weil ich nicht aus Preußen gebürtig.
Wo hab ich nur den Impfschein verloren?
Das lange Warten auf den Korridoren,
Das ist so un –, so unwürdig.
Wären wenigstens meine Haare geschoren.
Und den Durchfall habe ich auch.
Das geht mitten im Gespräch plötzlich eiskalt aus
    dem Bauch.

Als mich Miss Hedwin erkannte und rief,
Die hab ich vor Jahren, in Genf, einmal – versetzt.
Nun sind meine Absätze schief.
Und sie trug ein Reitkleid und fütterte Küken.
Aber ich darf mich nicht bücken.
Denn meine – ach mein ganzes Herz ist zerfetzt.

Ob ich gespeist habe?
Ob mir die Hecke gefiele?
Ja ich habe – gespeist. – (In Genf!
Und zuletzt, vor drei Tagen, Semmel mit Senf)
Und mich können alle Hecken
Am Asche –.

Vergessen sei Genf, vergessen die ganze Schweiz!
Dürfte ich nur noch einmal in Seifhennersdorf
    oder Zeitz
Steine klopfen.

Ach! – ich möchte jenem verdammten
Stellenvermittlungsbeamten
Siebzehn Legitimationspapiere meines Großvaters
    mütterlicherseits
In den Rachen stopfen!

Auch hat mich vorübergehend durchzuckt:
Ich wollte sterben nach einer grellen Raketentat.
Ich habe Lysol und einen Drillbohrer verschluckt.
Ich sandte ein Kuvert an den Hamburger Senat;
In das Kuvert hatte ich kräftig gespuckt.

Aber niemand glaubt an den Dreck.

Nun ist meine Seife weg;
Irgend jemand stöbert in meinen Taschen. –

Ich kann mir doch nicht
Das Gesicht
Mit einem Bouillonwürfel waschen.

Nun warte ich auf gigantisches Weltgeschehn.
Wenn's mich – zusammen mit den andern –
    zerfleischt,
Wenn das Sterben der anderen,
    Glücklichen mich umkreischt,
– Dann –
Dann will ich mir eine Zigarette drehn!

WENN ICH ALLEIN BIN

Wenn ich allein bin, werden meine Ohren lang,
Meine, meine Pulse horchen bang
Auf queres Kreischen, sterbenden Gesang
Und all die Stimmen scheeler Leere.

Wenn ich allein bin, leck ich meine Träne.

Wenn ich allein bin, bohrt sich meine Schere,
Die Nagelschere in die Zähne;
Sielt höhnisch träge sich herum die Zeit. –
Der Tropfen hängt. – Der Zeiger steht. –

Einmal des Monats steigt ein Postpaket
Aufrührerisch in meine Einsamkeit.
So sendet aus Meran die Tante Liese
Mir tausend fromme, aufmerksame Grüße;
Ein jeden einzeln sauber einpapiert,
Mit Schleifchen und mit Fichtengrün garniert,
Vierblätterklee und anderm Blumenschmuck –

Ich aber rupfe das Gemüse
Heraus mit einem scharfen Ruck,
Zerknülle flüchtig überfühlend
Den Alles-Gute-Wünsche-Brief
Und fische giftig tauchend, wühlend
Aus all den Knittern und Rosetten
Das einzige, was positiv:
Zwei Mark für Zigaretten.

Die Bilder meiner Stube hängen schief.
In meiner Stube dünsten kalte Betten.
Und meine Hoffart kuscht sich. Wie ein Falter
Sich ängstlich einzwängt in die Borkenrinde.
Wenn ich allein bin, dreht mein Federhalter
Schwarzbraunen Honig aus dem Ohrgewinde.

Bin ich allein: Starb, wie ein Hund verreckt,
Hat mich ein fremdes Weib mit ihren Schleiern
Aus Mitleid oder Ekel zugedeckt.
Doch durch die Maschen seh ich Feste feiern,
Die mich vergaßen über junger Lust. –

Ich reiße auseinander meine Brust
Und lasse steigen all die Vögel, die
Ich eingekerkert, grausam dort gefangen,
Ein Leben lang gefangen hielt, und nie
Besaß. Und die mir niemals sangen.
Wenn ich allein bin, pups' ich lauten Wind.
Und bete laut. Und bin ein uralt Kind.
Wenn ich –

ANSPRACHE EINES FREMDEN
AN EINE GESCHMINKTE
VOR DEM WILBERFORCEMONUMENT

Guten Abend, schöne Unbekannte!
　　Es ist nachts halb zehn.
Würden Sie liebenswürdigerweise mit mir
　　schlafen gehn?
Wer ich bin? – Sie meinen, wie ich heiße?

Liebes Kind, ich werde Sie belügen,
Denn ich schenke dir drei Pfund.
Denn ich küsse niemals auf den Mund.
Von uns beiden bin ich der Gescheitre.
Doch du darfst mich um drei weitre
Pfund betrügen.

Glaube mir, liebes Kind:
Wenn man einmal in Sansibar
Und in Tirol und im Gefängnis und in Kalkutta war,
Dann merkt man erst, dass man nicht weiß,
　　wie sonderbar
Die Menschen sind.

Deine Ehre, zum Beispiel, ist nicht dasselbe
Wie bei Peter dem Großen L'honneur. –
Übrigens war ich – (Schenk mir das gelbe
Band!) – in Altona an der Elbe
Schaufensterdekorateur. –

Hast du das Tuten gehört?
Das ist die Wilson Line.

Wie? Ich sei angetrunken? O nein, nein! Nein!
Ich bin völlig besoffen und hundsgefährlich
  geistesgestört.
Aber sechs Pfund sind immer ein Risiko wert.

Wie du misstrauisch neben mir gehst!
Wart nur, ich erzähle dir schnurrige Sachen.
Ich weiß: Du wirst lachen.
Ich weiß: dass sie dich auch traurig machen.
Obwohl du sie gar nicht verstehst.

Und auch ich –
Du wirst mir vertrauen, – später, in Hose und Hemd.
Mädchen wie du haben mir immer vertraut.

Ich bin etwas schief ins Leben gebaut.
Wo mir alles rätselvoll ist und fremd,
Da wohnt meine Mutter. – Quatsch! Ich bitte dich:
  Sei recht laut!

Ich bin eine alte Kommode.
Oft mit Tinte oder Rotwein begossen;
Manchmal mit Fußtritten geschlossen.
Der wird kichern, der nach meinem Tode
Mein Geheimfach entdeckt. –
Ach Kind, wenn du ahntest, wie Kunitzburger
  Eierkuchen schmeckt!

Das ist nun kein richtiger Scherz.
Ich bin auch nicht richtig froh.
Ich habe auch kein richtiges Herz.
Ich bin nur ein kleiner, unanständiger Schalk.
Mein richtiges Herz. Das ist anderwärts, irgendwo
Im Muschelkalk.

DIE WEIHNACHTSFEIER DES
SEEMANNS KUTTEL DADDELDU

Die Springburn hatte festgemacht
Am Petersenkai.
Kuttel Daddeldu jumpte an Land,
Durch den Freihafen und die stille heilige Nacht
Und an dem Zollwächter vorbei.
Er schwenkte einen Bananensack in der Hand.
Damit wollte er dem Zollmann den Schädel spalten,
Wenn er es wagte, ihn anzuhalten.
Da flohen die zwei voreinander mit drohenden
    Reden.
Aber auf einmal trafen sich wieder beide im König
    von Schweden.

Daddeldus Braut liebte die Männer vom Meere,
Denn sie stammte aus Bayern.
Und jetzt war sie bei einer Abortfrau in der Lehre,
Und bei ihr wollte Kuttel Daddeldu Weihnachten
    feiern.

Im König von Schweden war Kuttel bekannt
    als Krakehler.
Deswegen begrüßte der Wirt ihn freundlich:
    »Hallo old sailer!«
Daddeldu liebte solch freie herzhafte Reden,
Deswegen beschenkte er gleich den König von
    Schweden.

Er schenkte ihm Feigen und sechs Stück Kolibri
Und sagte: »Da nimm, du Affe!«
Daddeldu sagte nie »Sie«.

Er hatte auch Wanzen und eine Masse
Chinesischer Tassen für seine Braut mitgebracht.

Aber nun sangen die Gäste »Stille Nacht, Heilige
    Nacht«,
Und da schenkte er jedem Gast eine Tasse
Und behielt für die Braut nur noch drei.
Aber als er sich später mal darauf setzte,
Gingen auch diese versehentlich noch entzwei,
Ohne dass sich Daddeldu selber verletzte.

Und ein Mädchen nannte ihn Trunkenbold
Und schrie: Er habe sie an die Beine geneckt.
Aber Daddeldu zahlte alles in englischen Pfund in
    Gold.
Und das Mädchen steckte ihm Christbaumkonfekt
Still in die Taschen und lächelte hold
Und goss noch Genever zu dem Gilka mit Rum in
    den Sekt.
Daddeldu dachte an die wartende Braut.
Aber es hatte nicht sein gesollt,
Denn nun sangen sie wieder so schön und so laut.
Und Daddeldu hatte die Wanzen noch nicht ver-
    zollt,
Deshalb zahlte er alles in englischen Pfund in
    Gold.

Und das war alles wie Traum.
Plötzlich brannte der Weihnachtsbaum.
Plötzlich brannte das Sofa und die Tapete,
Kam eine Marmorplatte geschwirrt,
Rannte der große Spiegel gegen den kleinen Wirt.
Und die See ging hoch und der Wind wehte.

Daddeldu wankte mit einer blutigen Nase
(Nicht mit seiner eigenen) hinaus auf die Straße.
Und eine höhnische Stimme hinter ihm schrie:
»Sie Daddel Sie!«
Und links und rechts schwirrten die Kolibri.

Die Weihnachtskerzen im Pavillon an der
    Mattentwiete erloschen.
Die alte Abortfrau begab sich zur Ruh.

Draußen stand Daddeldu
Und suchte für alle Fälle nach einem Groschen.
Da trat aus der Tür seine Braut
Und weinte laut:
Warum er so spät aus Honolulu käme?
Ob er sich gar nicht mehr schäme?
Und klappte die Tür wieder zu.
An der Tür stand: »Für Damen«.

Es dämmerte langsam. Die ersten Kunden kamen,
Und stolperten über den schlafenden Daddeldu.

KUTTEL DADDELDU UND
FÜRST WITTGENSTEIN

Daddeldu malte im Hafen mit Teer
Und Mennig den Gaffelschoner Claire.
Ein feiner Herr kam daher,
Blieb vor Daddeldun stehn
Und sagte: »Hier sind fünfzig Pfennig,
Lieber Mann, darf man wohl mal das Schiff besehn?«
Daddeldu stippte den Quast in den Mennig,
Dass es spritzte, und sagte: »Fünfzig ist wenig.
Aber, God demm, jedermann ist kein König.«
Und der Fremde sagte verbindlich lächelnd: »Nein,
Ich bin nur Fürst Wittgenstein.«
Daddeldu erwiderte: »Fürst oder Lord –
Scheiß Paris! Komm nur an Bord.«
Wittgenstein stieg, den Teerpott in seiner zittern-
    den Hand,
Hinter Kutteln das Fallreep empor und kriegte viel
    Sand
In die Augen, denn ein schwerer Stiefel von Kut-
Tel Daddeldu stieß ihm die Brillengläser kaputt,
Und führte ihn oben von achtern nach vorn
Und von Luv nach Lee.
Und aus dem Mastkorb fiel dann das Brillengestell
    aus Horn,
Und im Kettenkasten zerschlitzte der Cutaway.
Langsam wurde der Fürst heimlich ganz still.
Daddeldu erklärte das Ankerspill.

Plötzlich wurde Fürst Wittgenstein unbemerkt blass.
Irgendwas war ihm zerquetscht und irgendwas nass.

Darum sagte er mit verbindlichem Gruß:
»Vielen Dank, aber ich muss – – –«
Daddeldu spuckte ihm auf die zerquetschte Hand
Und sagte: »Weet a Moment, ich bringe dich noch
    an Land.«

Als der Fürst unterwegs am Ponte San Stefano
    schmollte,
Weil Kuttel durchaus noch in eine Osteria einkeh-
    ren wollte,
Sagte dieser: »Oder schämst du dich etwa vielleicht?«
Da wurde Fürst Wittgenstein wieder erweicht.
Als sie dann zwischen ehrlichen Sailorn und
    Dampferhallunken
Vier Flaschen Portwein aus einem gemeinsamen
    Becher getrunken,
Rief Kuttel Daddeldu plötzlich mit furchtbarer Kraft:
»Komm, alter Fürst, jetzt trinken wir Brüderschaft.«
Und als der Fürst nur stumm auf sein Chemisette
    sah,
Fragte Kuttel: »oder schämst du dich etwa?«
Wittgenstein winkte ab und der Kellnerin.
Die schob ihm die Rechnung hin.
Und während der Fürst die Zahlen mit
    Bleistiftstrichen
Anhakte, hatte Kuttel die Rechnung beglichen.

Der Chauffeur am Steuer knirschte erbittert.
Daddeldu hatte schon vieles im Wagen zersplittert,
Während er dumme Kommandos in die Straßen
    und Gassen
Brüllte. »Hart Backbord!« »Alle Mann an die Brassen!«
Rasch aussteigend fragte Fürst Wittgenstein:

»Bitte, wo darf ich Sie hinfahren lassen?«
Aber Daddeldu sagte nur: »Nein!«
Darauf erwiderte jener bedeutend nervös:
»Lieber Herr Seemann, seien Sie mir nicht bös;
Ich würde Sie bitten, zu mir heraufzukommen,
Aber leider – –« Daddeldu sagte: »Angenommen!«
Auf der Treppe bat dann Fürst Wittgenstein
Den Seemann inständig:
Um Gottes willen doch ja recht leise zu sein;
Und während er später eigenhändig
Kaffee braute – und goss in eine der Tassen viel
    Wasser hinein, –
Prüfte Kuttel nebenan ganz allein,
Verblüfft, mit seinen hornigen Händen
Das Material von ganz fremden Gegenständen.
Bis ihm zu seinem Schrecken der fünfte
Zerbrach. – Da rollte er sich in den großen Teppich
    hinein.
Dann kam mit hastigen Schritten
Der Kaffee. Und Fürst Wittgenstein
Sagte, indem er die Stirne rümpfte:
»Nein, aber nun muss ich doch wirklich bitten – –
Das widerspricht selbst der simpelsten populären
Politesse.«
Daddeldu lallte noch: »Halt' die Fresse!«

KUTTEL DADDELDU
BESUCHT EINEN ENKEL

»Mein lieber Heini! – Denn so heißt du ja wohl? –
Über die Folgen der Weiber und des Alkohol
Musst du mal deine Mutter befragen, –
Oder nein ! ! Besser schon gehst du
Damit zum Lehrer. – Ich will dir nur Eines sagen:
Gehe niemals zur See!! Verstehst du?
Denn das Seemannsleben ist sauer ernst und schwer;
Und wie du mich hier mit meinem weißen Bart
Siehst – du dummer Bengel, so kik doch her! –
Habe ich mir bis heute noch keinen Groschen
    erspart.

Mein lieber Heini! du bist heute konfirmiert oder
    eingesegnet.
Ich schenke dir hiermit, weil du nun eingesegnet
    oder gefirmt
Bist, diesen Schirm. Nicht, dass er dich jemals
    beschirmt.
Sondern, wenn's mal recht kabelgarndick vom
    Himmel regnet,
Sollst du ihn an der nächsten Kante in Stücke
    zerschlagen.
Denn ein rechter Kerl muss jedes Wetter vertragen
Und nur auf Gott und seinen Kaptein vertraun.
Und sollte dir jemals jemand was andres sagen,
Dem musst du deine Seekiste über den Bregen
    haun.
Weil ein Mann sich soll as ein Kerl benehmen,
Und lass dich nicht vor den Landratten lumpen.

Wenn wir uns auch mal im Hafen den Schlauch
   voll pumpen,
Deswegen braucht sich von uns an Deck keiner zu
   schämen.
Denn jedes Frauenzimmer will sich doch mal
   amüsieren,
Und als Schiffsjunge heißt es vor allem parieren.
Wenn einem draußen solch dicker Taifun
Durch Nase und Arschloch pfeift, – –
Dann hättest du Großvater Daddeldun
Sehen sollen, wie er den Jungens die Eier schleift!

Hauptsache ist, dass man nur richtig die Lage peilt.
Was die Studierten predigen, das ist alles Beschiss.
Mein erster Bootsmann hat sich viermal die
   Syphilis
Nur mit Spiegelscherben und Branntwein geheilt. –
Was feixt du da, naseweiser Flegel! –
Das ist alles Wort für Wort wahr
Und gar nicht zum Lachen.

Na lass man. Du bist erst fünfzehn Jahr.
Da wollen wir beide mal heute mit vollem Segel
So einen Trip durch Sankt Pauli-Liederlich machen.«

SEEMANNSGEDANKEN
ÜBERS ERSAUFEN

Ich sterbe. Du stirbst. Er stirbt.
Viel schlimmer ist, wenn ein volles Fass verdirbt.
Aber auch wir wollen erst ausgetrunken sein.
Besauft euch beizeiten.
Alle Flüssigkeiten
Finden sich wieder ins Meer hinein,
Wo wir den Schwämmen gleich sind,
Wo uns nichts gebricht,
Weil wir weich sind.
Und wenn man in eine Leiche sticht:
Sie fühlt es nicht.
Wird mich nie mehr acht Glasen wecken,
Will ich gerne den Fischen wie Hackfleisch mit
    Rührei schmecken.
Weil das mit Sinn so geschieht,
Denn die haben gewiss nicht vergessen,
Wieviel Schollen wir in uns hinein- gefressen.
Nur bei den Würmern im Sarge ist ein Unterschied.
Wenn uns der Haifisch beim Wickel kriegt –
Das müsste mal einer malen!
Was da wohl alles so unten beisammenliegt –
Zerbrochene Schiffe, Krebse und Apfelsinenschalen.
Frisch ersoffen also und nicht gejammert,
Aber natürlich auch nicht zu übereilt;
Wer sich nicht tapfer noch an die letzte Handuhle
    klammert,
Der ist im Leben nie um die Horn gesailt.
Ein Schuft, wer mehr stirbt, als er sterben muss!

Aber muss es sein, dann nicht schüchtern.
Ersaufen ist auch ein Genuss,
Und vielleicht wird man dann nie mehr nüchtern.
Denn nur über das Fleisch und die Knochen
Weiß man was, offenbar.
Aber sonst hab' ich noch keinen gesprochen,
Der richtig ersoffen war.

KUTTEL DADDELDU IM BINNENLAND

Schlafbrüchige Bürger von Eisenach
Tapsten ans Fenster. Denn draußen gab's Krach.
Da sang jemand, der eine Hängematte
Und ein Geigenfutteral auf dem Rücken hatte.
Und ließ auch Töne frei, die man besser
Sich aufspart für Sturmfahrten im Auslandsgewässer.

Zehn Jahre zuvor und von Eisenach sehr entfernt
Hatte Daddeldu bei Schwedenpunsch, Whisky,
　　Rotwein und Kuchen
In Grönland eine Gräfin Pantowsky kennengelernt,
Die hatte gesagt: »Sie müssen mich mal besuchen.«
Und zehn Jahre lang merkte sich Kuttel genau:
Eisenach, Burgstraße 16, dicke, richtig anständige Frau.

Auch studierte bei Eisenach oder Wiesbaden herum
Sein Schwager zolologisches Studium;
Für den schleppte Kuttel in dem Futteral
Seit Bombay ein seltenes Geschenk herum.
Nun, nach dem Untergange der Lotte Bahl,
Wollte er Schwager und Gräfin sozusagen
Mit zwei Fliegen auf einer Klappe schlagen.

Rief also jetzt die nächtlichen Thüringer Leutchen
Mit englischen Fragen an. Später mit deutschen.
Aber die Gräfin Pantowsky kannte keiner.
Und auf einmal las Kuttel an Luvseite
　　»Zum Rodensteiner«
Und kalkulierend, dass dort was zu trinken sei,
Klopfte er. Teils vergeblich und teils entzwei.

Weil weder Wirts- noch Freudenhaus noch Retirade
Sich öffneten, sagte Daddeldu: »Schade«.
Fand aber weitersteigend und unverdrossen
Das Haus Burgstraße 16. Leider verschlossen.
Die Tür zum Gräflich Pantowskyschen
　　Zwetschengarten
Zersplitterte. Daddeldu hatte beschlossen zu warten.

Mittags im Pensionat Kurtius
Bewarfen die Mädchen nach Unterrichtsschluss
Mit Stöpseln und leeren Konservendosen
Einen furchtbaren Kerl, der mit buchtigen Hosen
Und einem imposanten Revers
Zwischen Ästen in Höhe des Hochparterres
In einer Hängematte schlief
Und nicht reagierte auf das, was man rief.
Als er doch endlich halbwegs erwachte,
Weil von zwei Bäumen einer zur Erde krachte,
Spritzten die Mädchen dem Manne Eau de Kolon
　　ins Gesicht.
Aber die Gräfin Pantowsky kannten sie nicht.
Und verwirrt über die Falschheit des Binnenlands
Nannte Kuttel die Vorsteherin »Alte Spinatgans!«
Und taumelte schlaftrunken, römische Flüche
　　stammelnd, zu Tal,
Mit Hängematte, doch ohne das Dingsfutteral.

Alsbald, von wegen das Taumeln und Stammeln,
Begannen sich Kinder um ihn zu sammeln.
Und der Kinder liebende Daddeldu,
Nur um die Kinder zu amüsieren,
Fing an, noch stärker nach rechts und nach links
　　auszugieren,

Als ob er betrunken wäre. Und brüllte dazu:
»The whole life is vive la merde!«
Und wurde so polizeilich eingesperrt.
An Gräfin Pantowsky glaubte dort keiner.
Und der unglücklich nüchterne Daddeldu
Gab den zerbrochenen Rodensteiner,
Gab alles andre Gefragte eilig zu
Und drehte – ohne Tabak – in der Nacht
Wie ein Log zwölf Knoten ins hölzerne Lager,
Oder vielmehr in die Hängematte.
Weil er das schöne Geschenk für den Schwager
In der Mädchenpension vergessen hatte.
Gewiss war das Futteral schon erbrochen,
Und das Geschenk war herausgekrochen
Und hatte vielleicht schon wer-weiß-wen gestochen.

Später im D-Zug, unter der Bank hinter lauter
    ängstlichen Beinen,
Fing Daddeldu plötzlich an, zum einzigsten Male
    zu weinen
(Denn später weinte er niemals mehr.) – –
Beide Flaschen Eau de Kolon waren leer.

KUTTEL DADDELDU UND
DIE KINDER

Wie Daddeldu so durch die Welten schifft,
Geschieht es wohl, dass er hie und da
Eins oder das andre von seinen Kindern trifft,
Die begrüßen dann ihren Europapa:
»Gud morning! – Sdrastwuide! – Bong Jur, Daddeldü!
Bon tscherno! Ok phosphor! Tsching – tschung!
    Bablabü!«
Und Daddeldu dankt erstaunt und gerührt
Und senkt die Hand in die Hosentasche
Und schenkt ihnen, was er so bei sich führt,
– – Whiskyflasche,
Zündhölzer, Opium, türkischen Knaster,
Revolverpatronen und Schweinsbeulen- pflaster,
Gibt jedem zwei Dollar und lächelt: »Ei, ei!«
Und nochmals: »Ei, Ei!« – Und verschwindet dabei.
Aber Kindern von deutschen und dänischen Witwen
Pflegt er sich intensiver zu widmen.
Die weiß er dann mit den seltensten Stücken
Aus allen Ländern der Welt zu beglücken.
Elefantenzähne – Kamerun,
Mit Kognak begossnes malaiisches Huhn,
Aus Friedrichroda ein Straußenei,
Aus Tibet einen Roman von Karl May,
Einen Eskimoschlips aus Giraffenhaar,
Auch ein Stückchen versteinertes Dromedar.
Und dann spielt der poltrige Daddeldu
Verstecken, Stierkampf und Blindekuh,
Markiert einen leprakranken Schimpansen,
Lehrt seine Kinderchen Bauchtanz tanzen

Und Schiffchen schnitzen und Tabak kauen.
Und manchmal, in Abwesenheit älterer Frauen,
Tätowiert er den strampelnden Kleinchen
Anker und Kreuze auf Ärmchen und Beinchen.

Später packt er sich sechs auf den Schoß
Und lässt sich nicht lange quälen,
Sondern legt los:
Grog saufen und dabei Märchen erzählen;
Von seinem Schiffbruch bei Feuerland,
Wo eine Woge ihn an den Strand
Auf eine Korallenspitze trieb,
Wo er dann händeringend hängen blieb.
Und hatte nichts zu fressen und saufen;
Nicht mal, wenn er gewollt hätte,
    einen Tropfen Trinkwasser, um seine Lippen zu
    benetzen,
Und kein Geld, keine Uhr zum Versetzen.
Außerdem war da gar nichts zu kaufen;
Denn dort gab's nur Löwen mit Schlangenleiber,
Sonst weder keine Menschen als auch keine Weiber.
Und er hätte gerade so gern einmal wieder
Ein kerniges Hamburger Weibstück besucht.
Und da kniete Kuttel nach Osten zu nieder.
Und als er zum dritten Mal rückwärts geflucht,
Da nahte sich plötzlich der Vogel Greif,
Und Daddeldu sagte: »Ei wont ä weif.«
Und der Vogel Greif trug ihn schnell
Bald in dies Bordell, bald in jenes Bordell
Und schenkte ihm Schlackwurst und Schnaps und
    so weiter. –
So erzählt Kuttel Daddeldu heiter, –

Märchen, die er ganz selber erfunden.
Und säuft. – Es verfließen die Stunden.
Die Kinder weinen. Die Märchen lallen.
Die Mutter ist längst untern Tisch gefallen,
Und Kuttel – bemüht, sie aufzuheben –
Hat sich schon zweimal dabei übergeben.
Und um die Ruhe nicht länger zu stören,
Verlässt er leise Mutter und Göhren.

Denkt aber noch tagelang hinter Sizilien
An die traulichen Stunden in seinen Familien.

MATROSENSANG

Herr Steuermann, ach Steuermann,
Mein Herz ist gar so schwer.
»So bind ein gut Stück Eisen dran
Und wirf es über Bord ins Meer.«

Ob meine schwangere Liebste weint?
Eine Trän? Zwei Trän? Drei Trän?
Ho! Meine krumme Mutter meint,
Ich sei ein reicher Kapitän.

Ist Mutters Haus mit Stroh gedeckt,
Wie sie sich freuen kann.
Doch wie ein Sturm mit Branntwein schmeckt,
Das geht sie einen Hundsdreck an.

DAS TERRBARIUM

Das war meine Erfindung:
Vor allen Dingen muss man die Tiere lebendig
  pressen.
Anfangs kostet es Überwindung,
Aber schließlich wird nichts so heiß gekocht wie
  gegessen.

Die Presse muss mindestens sechs Quadratmeter
  messen.

Meine Anlage war ein technisches Wunder;
Riesensäle, um die getrockneten Bestien
Übersichtlich hübsch an der Wand zu befestigen.

Denn ein geplättetes Nashorn ist keine Flunder.
Wegen der Dickhäuter und et cetera
Brauchte ich selbstverständlich elektrische Kraft. –
Doch ich speiste mit dem herausfließenden Saft
Sämtliche Waisenkinder von Zentralamerika.
Ganz abgesehen von der Naturwissenschaft.

Manches lässt sich nicht beim ersten Mal schaffen.
Oftmals zappelt und zuckt noch der Hals,
Wenn der Unterkörper schon platt ist, so bei den
  Giraffen.
Und ich besinne mich eines noch schwereren Falls.

Um meine Sammlung zu komplettieren,
Wollte ich auch einen Menschen so präparieren.
Jene Miss Hamsy, die ich dazu erkor,
War eine ernste, wohlgebaute Mulattin,
Leichthin sommersprossig und Zollwächters Gattin.

Und der setzte ich Arrak mit Blumenkohl vor,
Sagte, das sei Barbarossas Lieblingsgericht,
Las ihr zwei Novellen von Freiherrn v. Schlicht.
Bis sie langsam das Bewusstsein verlor.
Als ich sie dann im Dunkeln entkleidet hatte,
Legte ich sie behutsam tastend auf die untere Platte,
Kurbelte an. Doch sie erwachte dabei.
Aber ich suchte sie taktvoll bescheiden zu trösten:
Wieviel schlimmer es wäre, lebendig zu rösten,
Und dass die Presse nicht zu umgehen sei.

Nichts stimmt trauriger als ein menschlicher
    Todesschrei.
Aber was bedeutet solch kurzer Ton
Gegen die furchtbaren Gräuel der Vivisektion!
Und wie Miss Hamsy dann an der Wand die vierte
Halle für Säugetiere und Eidechsen zierte,
Hat ihr Anblick jeden Besucher gebannt.
Die Kritiken hörten nicht auf sie zu loben.
Bis sich schließlich die Popolaca erhoben.
Diese Indianer haben das ganze Museum
    niedergebrannt.
Alles haben mir diese Schweine gestohlen.
Aus Miss Hamsy schnitten sie Mokassinsohlen.
Was ein Barbar ist, hat weder Kultur noch
    Geschmack.
Aber einen von ihnen erwischte ich später,
Kochte ihn lebend mit Kienharz und
    Wasserstoff-Äther.
Und den Kerl verbrauche ich heute als Siegellack.

NOVAJA BROTNEIN

(Aus des Wunderknaben Horn)

Im Eismeer (jeder weiß das ja)
Da liegt Novaja Semlja.

In Hamburg (das ist auch bekannt)
Wird die Semmel »Rundstück« genannt.

Im Eismeer – sagt man in Hamburg – da
Liegt Novaja Rundstückja.

GLADDERADATSCH

Es hatte ein Igel sich geckenhaft und blasiert
Am ganzen Körper von oben bis unten rasiert,
Weil er abstechen wollte.
Stach wirklich auch ab. Da nahte ein Fuchs.
Worauf der Igel sich igelartig zusammenrollte.
Aber der Fuchs verschluckte ihn flugs.
Igel bat Fuchsen, ihn doch wieder auszubrechen;
Er sei ein Igel und könnte empfindlich stechen.
Und mittelst bauchrhetorischer Worte
Sprach der Fuchs: »Sie müssen verzeihn;
Ich hielt Sie für ein kindliches Schwein,
Werde nun aber sofort Sie befrein.
Wenn ich bitten darf – durch die Hinterpforte.«
Der Igel gab keinen Laut
Mehr von sich. Er war schon verdaut.

ES SETZTEN SICH SECHS SCHWALBEN

Es setzten sich sechs Schwalben
Auf sechs Dückdalben
Und haben 3 Minuten vereint
Um den Herzog von Alba geweint
Und flogen weiter und hatten zu sechst
Doch richtig die ganzen Dückdalben beklext.

ÜBERFAHRT

Die Brücke brach. Da lag ich sekundenlang
Mehrmals gebrochen quer überm Schienenstrang.
Wuchs ein Balg mit Lichtern aus Donner und Qualm
Rasend heran.
Schrein? Wegwälz? – Zermalm? –
Dann – –
Quietsch. Meine Knochen zerknürpsten;
Die dicksten waren die mürbsten.
Entzwei.
Vorbei. Splitter mit Brei.
Sah noch den armen motivführer erschauern.
Dann erhob ich mich, heißt: ich fühlte mich licht
Aufwärts schräg durch Lüfte und Mauern,
Dachte vielleicht noch – vielleicht auch nicht –
Mit einem komischen Rest von »Bedauern«:
Schade, dass mich Bruder Wolfgang jetzt nicht sieht!«

MUTTER FRÜHBEISSENS TRATSCH

Wenn der über die Straßen ging:
Sechs Schritte vor ihm wurden die Vögel stumm,
Fielen die Pferde, kippte die Trambahn um,
Stürzte die Schwalbe herab und der Schmetterling,
Erbrachen sich Damen, krümmten sich Hunde. –

So roch das Schwein aus dem Munde.

Aber der kann nichts dafür.
Die Frau von dem Sohn, wo Paula die Semmeln holt,
    neben Weyl,
Deren Schwester hat auch solch ein Magengeschwür.
Das kommt gar nicht aus dem Halse. Im Gegenteil.

Da hilft kein Pfeffermünz und kein Höllenstein.
Kein Tabak. Alle Säuren hat der durchgekostet.
Die ganze Zunge ist ihm schon hinten zerrostet.

Und stinkt immer noch wie ein Schwein.

Das geht auf keine Kuhhaut, was der erduldet.
So einer ist ja zu nichts zu gebrauchen.
Und will doch auch einmal atmen wie wir, und
    hauchen.

Wenn er mir auch noch sieben Mark schuldet.

FEIERABENDKLÄNGE EINES
EINHÄNDIGEN METALLDREHERS
AN SEINE FRAU MIT
PREISGEKRÖNTEN BEINEN

Ich hätte dem Hinz ein Ohr abgebissen?!
Wie kann der Oswald das wissen,
Dieser Speichellecker!
Der war doch damals mit die Dachdecker
Bei Wasmann in Akkord.

Hermine! Ehrenwort!
Ich habe den Hinz nur rausgeschmissen,
Weil er gesagt hat: Du hättest die Konkurrenz
    beschummelt,
Und ich habe ihm das verbeten
Und nur ganz leise in den Rücken getreten.

Mir ist doch wurscht, ob ihr zusammen poussiert
Und in die Wirtshäuser lauft.
Ich will nur nicht, dass ihr das Geld versauft,
Wo eigentlich mir zugebührt.

Hinz und Hillbrecht haben die Dreikantfeile und
    den Vorschlaghammer an Meßmer verkauft.

Und mich haben sie ausgeschmiert.
Hinz ist überhaupt gar nicht organisiert.
Und der soll mich bloß nicht reizen,
Und deswegen könntest du immerhin die Stube
    heizen.
Denn wenn wir auch arm sein – –
Ich habe nur eine Hand, aber wehe,
    wenn sie sich ballt.
Vor den Feuern ist's heiß, und der Heimweg ist kalt.

Und wenn man nach Hause kommt, soll es dann
    wenigstens warm sein.
Aber ihr treibt alle Schwindel und Betrug,
Und der Oswald ist ebenso schlecht,
Und Hinz hat an einem Ohr noch übergenug.
Und ich poche auf mein ehrliches Recht
Und lasse mich nicht von denen verkohlen.
– Schweine sind's ! –
Und den Hammer und die Feile haben nicht
    Hillbrecht und Hinz,
Den habe ich ganz alleine gestohlen!!

ES WAREN ZWEI MOLEKÜLE

Es waren zwei Moleküle.
Die saßen auf einer Mühle
Und sahen zu, wie das Mühlrad trieb,
Und waren zufrieden und hatten sich lieb.
Und keiner, keiner wusste darum,
Als nur ein Mann, der Adressen schrieb.

MEIN HARMLOS LIED

In einem Untertässchen
Voll Schnee und Rosenlikör
Erwachte das kleine Prinzesschen.

Noch ganz verschlafen und ohne Gehör
Gewahrte sie mit Erröten
Auf ihren niedlichen Brüsten
Sechsundvierzig breite Warzenkröten,
Die sich gegenseitig auf den Podex küssten.
Und schrie, als sie sowas erblickte:
»Pfui Keks!« Woran sie erstickte.

Und nun ist in jeder Zeitung zu lesen:
Sie sei ein großer Schweinigel gewesen.

BALLADETTE

Das war die sonst noch ziemlich fesche
Marie, die ihrem Prinzipal
In der Fabrik für Sterbewäsche
Drei schwarze Unterhosen stahl.

Und sandte, als es ruchbar wurde,
Dann das Gestohlene zurück.
Und diese mindestens absurde
Idee gereichte ihr zum Glück.

Der Prinzipal für Sterbewäsche,
Der nicht Karrieren gern verdarb,
Gab ihr so viel verdiente Dresche,
Dass sie ein Kind gebar und starb.

DER GLOBUS

»Wo sitzt«, so frug der Globus leise
Und naseweis die weise, weiße,
Unübersehbar weite Wand,
»Wo sitzt bei uns wohl der Verstand?«

Die Wand besann sich eine Weile.
Sprach dann: »Bei dir – im Hinterteile!«

Nun dreht seitdem der Globus leise
Sich um und um herum im Kreise –
Als wie am Bratenspieß ein Huhn,
Und wie auch wir das schließlich tun –
Dreht stetig sich und sucht derweil
Sein Hinterteil, sein Hinterteil.

ZWEI SCHWEINEKARBONADEN

Es waren zwei Schweinekarbonaden,
Die kehrten zurück in den Fleischerladen
Und sagten, so ganz von oben hin:
»Menèh tékel ûpharsin.«

FLIEGE UND WANZE

Die Fliege hat zur Wanze gesprochen:
»Leih' mir doch eine Maß Blut,
Ich habe den Bürgermeister gestochen. – –

Aber der roch nicht gut.
Und ich habe sein Blut, ohne was zu sagen,
In die Nase von seiner Frau übertragen
Und gab auch der Tochter und dem Sohn
Eine kleine Portion.
Und nun riecht die ganze Familie
Nach Quecksilber und Petersilie
Und ist voller Pickel und Flecke,
Und es ist ein Vergnügen, von der Decke
Aus zuzugucken, wie sie sich jucken.«

Die Wanze tat etwas fremd
Und brummte: »Ach, Bagatelle!«
Und kroch dabei einem Kutscher ins Hemd.
Dort war derzeit ihre Quelle.

SCHAUDERVOLL, ES ZOG DIE REINE

Schaudervoll: Es zog die reine,
Weiße, ehrbar keusche Clara
Aus dem Sittlichkeitsvereine
Eines Abends nach Ferrara.
Schaudervoll: Dort, irgendwo,
F l o s s der Po.

Schaudervoll, doch es geschah
In Ferrara, dass die Clara
Aus dem Sittlichkeitsvereine
Nachts den Po doppelt sah.

SCHICKSAL DER SCHLAUBE

Anno 1307
Ante Christum natum
War eine Schlaube in einem Zahn steckengeblieben,
Da nahte sich eine Floskel aus Batum
Und sagte: »Erlaube,
Dass ich dir helfe.« – – »Ganz nach Belieben«,
Sagte die Schlaube.

Da war das Liebeswerk schon getan.
Da wurde die Floskel blässer und blässer.
Die Schlaube indessen sprang in ein fließend
  Gewässer,
Trieb fort in der Richtung von Quelle nach Mündung;
Überall roch es nach ham and eggs.

Und die kleine Schlaube starb unterwegs
An Ekel, Scharlach oder Gebärmutterentzündung.

DIE GEBURTENZAHL

Die Geburtenzahl
Ging herunter,
Traf den Pfarrer im Tal
Nachts noch munter.

Heidel da diedel dumm
Wie war das schön im Tal!
Aufwärts steigt wiederum
Bald die Geburtenzahl

* * *

Und dann lächelt alles froh
Im statistischen Büro.

STOFFWECHSEL

»Wie glüht er im Glase! Wie flammt er so hold!
Geschliffnem Topase vergleich ich sein Gold.«
Ich aber meinte den Urin
Und dachte mich in Groß-Berlin.
Und dachte eine junge Braut,
Ganz eingehüllt in Bückingshaut.
Da brachte mir der Pikkolo
Den Grog. Ich schnupperte und floh.

MISS LONGWIELES STOSSGÄHNEN
(Ein Chanson)

Uah! Ich wollte, ich hätte
An Stelle meiner Beine zwei
Stuhlbeine aus Holz oder Blei –.
Dann wünschte niemand sich das Zeugs ins Bette.

Mein Unterrücks – müsste ein – –
Müsste eine Plakatsäule sein.
Ach nein.
Wie dumm!
Dann stünden sie ja erst recht herum.

Mein Busen – (schöner Gedanke)
Wäre eine Planke,
Mit Stacheldraht
Und frisch geteert.
Dann käme der nächste Soldat,
Sagte: »Danke.
Ganze Abteilung kehrt!«

Und an meiner Nase hinge
Ewig ein Hühnerei,
Und bei jedem Niesen ginge
Das Ei entzwei.

Wären die Augen aus Stein,
Schwarz die Zähne und ohne Schmelz – –

Einmal arm möcht' ich sein,
Einsam, verachtet, bedauert. –

Reich mir den Pelz.
Anspannen! Mich schauert.

VIER TREPPEN HOCH BEI DÄMMERUNG

Du musst die Leute in die Fresse knacken.
Dann, wenn sie aufmerksam geworden sind, –
Vielleicht nach einer Eisenstange packen, –
Musst du zu ihnen wie zu einem Kind
Ganz schamlos fromm und ärmlich einfach reden
Von Dingen, die du eben noch nicht wusstest.
Und bittst sie um Verzeihung – einzeln jeden –,
Dass du sie in die Fresse schlagen musstest.
Und wenn du siegst: So sollst du traurig gehen,
Mit einem Witz. Und sie nie wieder sehen.

MEIN RIECHTWIEICH

Gutes Bettchen du!
Ich gehe jetzt in dich. Gute Nacht!
Wünsche angenehme Ruh. –
Und auf einmal ist's wieder früh,
Bin ich wieder aufgewacht,
Habe dich nass gemacht –
Herzeleid – Pupo – Pipü.

Bett, ich falle in dich, du mein Bett.
Ich will nichts mehr wissen.
Sticke mich tot mit Gänsekissen.
Ich pfeife auf Schweinskotelett
Und Schutzmann und Feuer im Haus;
Mir ist alles egal.
Eigentlich müsste ich noch einmal –

Aber ich zwing's heute nicht.
Bitte – lie Bett – puste das Licht –

Altes Bettchen, hallo!!
Wir brechen in dich hinein;
Ja schau nur: zu zwei'n!
Nun knurre, knarre nicht so.
Heute geht's stürmisch zu.
Anna, komm doch! Ich friere. Huhu!
Möge uns Gott verzeihn.
Aber das wissen nur Anna und ich und du.

Bettchen, wo fährst du denn hin??
Nun gut, fahr immer zu.
Im Kreise und auf die Reise.
Nach Afrika. Wir besuchen ein Gnu.
Gut Nacht, Anna, ich bin –
Müde bin ich Känguruh.

FRÜHLINGSANFANG AUF DER BANK
VORM ANHALTER BAHNHOF

Vierter Klasse wär' es noch mehr billig.
Aber da käme ich später an.
Und dann ist die Stellung vielleicht schon vergeben,
Und die Frau Bauratswitwe sagt dann
Wieder: Ich sei arbeitsunwillig.
Und wovon soll ich dann am Freitag leben?
Am liebsten möchte ich gar nicht fahren.
Da könnten wir all das Fahrgeld sparen
Und lieber versaufen.
Und da können wir noch die beiden Weinflaschen
    verkaufen.
Da wird man wieder mal richtig vergnügt.
Und hauen uns nachts auf die Bretter am Halleschen
    Tor,
Wo manchmal der Bolzenmax liegt.
Jetzt kommen schon die Krokusse vor,
Da ist es schon nicht mehr so kalt.
Und morgen werden wir sehn, wo wir bleiben.
Da werden sie uns auseinandertreiben
Wie die Pferdeäppel auf'm Asphalt.
Ob es wohl wahr ist, wenn man noch lebt – dass man
Seine Knochen an die Akademie verkaufen kann?

JENE BRASILIANISCHEN
SCHMETTERLINGE

Wie schön ihr angezogen seid!
Simpelfarbig ist unsere Menschenhaut
Und hat noch Hitzpickel am Gesicht.
Aber ich denke das ohne Neid.
Ihr renommiert wahrscheinlich auch nicht
Mit euren sonnenmetallischen Flügeln.
Sie sind euer einziges Kleid.
Ihr braucht es niemals zu bügeln.
Und wenn ich es täte, dann ginge
Es sicher entzwei.
Und euer Leben, ihr Schmetterlinge,
Huscht sowieso wie ein Sternschnupp vorbei.
Drum seid ihr Ochsen, wenn ihr's nicht genießt.
Dauernd saufen, naschen, geschlechtlich paktieren!
Derart keine Zehntelsekunde verlieren!
Bis euch der deutsche Professor aufspießt.

- -

Die europäischen Fernen
Kennenzulernen,
Was euch das Leben nie bot,
Was ihr damals auch nie gewollt noch begriffen
    hättet, –
Nun wär's euch. – – Zwischen Gläser gebettet
Leuchtet ihr so geduldig tot.
Broschen seid ihr und Fächer.
Ich habe aus euch einen Aschenbecher;
Aber er tut mir so leid.
Ich streue die Asche lieber daneben.
Denn euch brachte das schöne Kleid
Um euer junges, brasilianisches Leben.

VORM BRUNNEN IN WIMPFEN

Du bist kein du,
Wasser. – Hättest nicht Ruh,
Mich auszuhören.

Ihr fließet immerzu
Und immer weiter und möglichst weit.

Wie euch der Brunnen aus eisernen Röhren
In den heißen Althäuserplatz speit,
Erdengeläutert und ausgekühlt;
Da ihr alte und neue Zeit
Und den Himmel abkonterfeit, –

Siehet mein durstiges Staunen
In euch doch immerzu andre.
Immer wieder mit über den Rand gespült,
Fängt es aus eurem Raunen
Nur eines auf: Wandre!

Von euch möcht' ich trinken.

Ihr würdet lau, wenn ihr stehenbliebt,
Ihr würdet trüb. Ihr würdet verweilend
Faulen und stinken.

Was kümmert's euch, ob ein Mensch euch liebt.
Dauernd zerteilt euch selber enteilend,
Seid ihr getrieben ein treibendes
Ganzes, rein Bleibendes.

AUS MEINEM
SCHIFFSTAGEBUCHE

—

Vorbemerkung

Nachdem ich zwei Jahre als Schiffsjunge und nahezu
ein Jahr als Matrose auf Seglern und Dampfern
nach aller Herren Ländern gefahren war, musste
ich, meiner zunehmenden Kurzsichtigkeitshalber,
leider dem Seemannsberufe entsagen. Ich trat zu-
nächst als Lehrling in das Kontor eines Export-
geschäfts ein, um bald darauf mich zum Abdienen
meines Militärjahres als Einjährig-Freiwilliger bei
der Kaiserlichen Marine zu melden. Hier aber er-
fuhr ich zu meinem Schreck, dass mir noch ein
Monat an der vorschriftsmäßigen dreijährigen Fahr-
zeit fehlte, die allein zum unentgeltlichen »Einjäh-
rigen-Dienst« berechtigt. Ich versuchte nun, wie-
der auf ein Schiff zu kommen, um den fehlenden
Monat noch abzufahren, lange aber vergeblich, da
kein Kapitän meiner geringen Sehschärfe wegen
mich nehmen wollte, auch gesetzlich nicht durfte.
Endlich glückte mir's durch Vermittelung meines
Geschäftsleiters doch noch, eine Stelle als Matrose
auf der *Alicante*, einem Dampfer der Oldenburg-
Portugiesischen Dampferreederei zu erlangen, frei-
lich unter Verzicht auf die Heuer.
Was ich auf diesem Dampfer erlebte, habe ich den
nachfolgenden Blättern anvertraut, heimlich, oft nur
in abgerissenen Sätzen und mit teilweiser Benutzung
einer Geheimschrift, unter allerlei Schwierigkeiten,
wie z.B. die an Bord herrschende Unsauberkeit, die
störende Bewegung des Schiffes, Mangel an Allein-
sein, Platz, Zeit und Beleuchtung. Möge damit die
oft ungeschickte Fassung entschuldigt werden.

Montag, 19. Oktober 1903
Zwischen 4 und 5 Uhr, eine Stunde nach meiner
Anmusterung in Altona, begebe ich mich – ein
Paar Schuhe und eine Flasche Kümmel unterm
Arme, nur das Vorhemd um (den unseemänni-
schen hohen Kragen habe ich vorsichtshalber in
die Tasche gesteckt) – an Bord der *Alicante*, die in
Oldenburg beheimatet ist. Auf dem Dampfer ange-
kommen, übergebe ich dem zweiten Steuermann
meinen Heuerschein, der mich als »angemustert«
ausweist und wörtlich so lautet:

Heuerschein.

Für den Seemann .... Fritz Heiter
angemustert .... am 19. Okt. 1903
als .... Matrose
auf Dampfer .... *Alicante*
~~gegen eine Heuer von pro Monat~~ ....
für die Reise nach europäischen Häfen.
Dienstantritt .... 19. Okt. 1903
bescheinigt
            das Altonaer Seemannsamt.

Die Matrosen sagen mir, ich bekäme eine Kammer
für mich und weisen mir das Schiffshospital an.
Dieses ist ein Zimmer von etwa 2 Meter im Qua-
drat und eben so hoch, durch ein Bullauge spärlich
beleuchtet, und mehr zur Erkrankung gesunder
als zur Genesung kranker Menschen geeignet. Auf
der einen Seite sind zwei Kojen übereinander
angebracht. Die obere ist augenblicklich mit altem
Segelzeug, die untere mit Tauwerk, eisernen Schä-

keln, Besen usw. vollgestopft. Beide aber werden jetzt von einem Matrosen ausgeräumt, dem ich dafür, als zukünftigem Kollegen, die Flasche Kümmel schenke. Zweiter Steuermann sagt mir, ich müsste morgen um 6 Uhr antreten. Darauf gehe ich nochmal an Land und hole mir eine Matratze und vieles andere, was ich noch brauche. Nun komm' ich erst dazu, meine Bude möglichst wohnlich und behaglich einzurichten. Matratze mit Kopf- und Keilkissen lege ich in die Unterkoje. Zu Kopfende wird mein Arbeitszeug und ganz versteckt eine zweite Kümmelflasche hingestaut, zu Fußende 2 Paket Tabak, Streichhölzer und die geliebte Pfeife. Ein Waschtisch birgt meine Toilettengegenstände, ein Nagel trägt meinen guten Anzug, ein andrer ein Handtuch, und die Pantoffeln kommen unter die Bank. Meine kleine Handtasche stellt das Allerheiligste dar. Sie enthält Vorhemden, 2 Kragen, weiße und bunte Taschentücher, mein Tagebuch, Schreibzeug, Brief- und Zeichenpapier, einen kleinen Käse in runder Holzschachtel, Zigaretten, Notizbücher, Geldbörse mit 7 Mark, Nadel, Zwirn, Seife und einiges andere. Da das elektrische Licht gerade versagt, zünde ich mir eine Lampe an. Leider ist meine Tür nicht verschließbar. Dem Wachtmann, einem kleinen Kerl, der einige Male neugierig seinen Kopf zur Thür hereinsteckt, gebe ich noch eine Zigarre und turne dann mit erlernter Geschicklichkeit in meine Koje.

Dienstag, 20. Oktober
Ich habe die Nacht scheußlich gefroren, da ich nur
eine Decke habe. Deshalb habe ich die Knie bis
ans Kinn gezogen und mich eingepackt wie einen
Rollmops.
Es ist sonderbar. Gestern noch im Kontor gearbei-
tet unter gebildeten Menschen, deren höflicher
Behandlung und der Teilnahme eines wohlwollen-
den Chefs mit all den Freiheiten und Bequemlich-
keiten des Stadtlebens – und nun plötzlich in ein
Leben versetzt voll roher Arbeit, roher Menschen,
roher Sitten und Manieren, zwischen eisernen
Wänden, Kisten, schmutzigen Kleidern, plumpen
Figuren, Masten, Tauwerk, Ketten, Maschinen, in
grobem Tone kommandiert, bei schlechter – oder
nein, ich will nicht übertreiben – sehr einfacher
Kost. Nun, ich habe mich aber doch ziemlich
hineingefunden. Es ist mir ja alles schon von frü-
her her bekannt. Nur eins beunruhigt mich etwas:
die Haltung der anderen Matrosen mir gegenüber.
Ich habe den ganzen Tag Streit mit ihnen. Sie
scheinen mich für ein »Muttersöhnchen« zu hal-
ten, weil ich »ohne Heuer« fahre (den Grund dafür
können sie nicht begreifen) und noch dazu ein
Binnenländer bin. Deshalb suchen sie mich wie
einen Jungen zu behandeln und wollen mir die
Backschaft, d.h. die Besorgung, besonders Reini-
gung, des Essgeschirrs aufdrängen. Ich übernehme
schließlich dieses Amt unter der Bedingung, dass
ich das nur in meiner Arbeitszeit besorge.
Außer mir ist noch ein neuer Matrose an Bord ge-
kommen, ein langer, rothaariger Ostfriese. Er äu-

ßert zu Mittag, ich hätte ein freches Maul. Hein, ein bäuerisch aussehender Kerl, stimmt ihm bei und meint, wenn ich weiter so frech wäre, könnte ich aus dem Logis herausfliegen und dann für mich allein auf meinem Zimmer essen. Ich sage ihm, das wäre mir gleichgültig. Überhaupt, ich hätte wohl einen gewissen Respekt vor älteren Matrosen, aber wenn mir einer »dumm käme«, dem käm ich wieder dumm. »Und«, sag' ich noch, »wer mich etwa gar anrührt, dem schmeiß ich das erste Stück Eisen an den Kopf, das ich zu fassen bekomme.«

Mit den beiden Steuermännern geht es mir übrigens ähnlich. Sie nennen mich beide »Du«, was mich sehr ärgert. Ich werde aber vorläufig nichts darüber sagen. Auch legen sie mir so alberne Fragen vor, ob ich wüsste, was dies und das wäre, alles Sachen, die ich als Matrose wissen muss und auch weiß. Selbst mit dem Koch verkrache ich mich, als ich mittags etwas Salz von ihm hole. Alle an Bord fast (und wir sind im ganzen 20 Personen zusammen) wissen, aber fragen mich noch einmal, ob ich das »Einjährige« habe. Das ist etwas rares an Bord. Der erste Steuermann hat es dem jüngsten Matrosen, Richard, erzählt, und nun wissen es alle. Sehr fatal ist das, denn das zieht mir nur noch mehr Feindschaft zu.

Wir haben erst »Farbe gewaschen« und dann Post und Proviant übergenommen, unter anderem Sektflaschen, Speck, Würste Käse, Konserven und Hühner. Alles das mussten wir in den Proviantraum schaffen und werden es wohl ehrlicherweise kaum wiedersehen. Für uns wird nur Brot, Margarine, Erbsen und Bohnen an Bord gebracht.

Abends gehen die meisten – einem ausdrücklichen Verbote zuwider – an Land. Als ich gerade bei der Backschaft bin und mich schon selbst gewaschen habe, kommt der zweite Steuermann nach vorn und findet, zu seinem Verdruss, nur Karl, den Wachtmann, und Hein außer mir. Wir drei müssen nun allein das Schiff verholen und schreiben uns dafür eine Überstunde an.

Es ist Abend. Ich sitze allein in meinem ungeheizten Zimmer und rauche. Die köstlichste Speise, der herrlichste Wein und die beste Zigarre am Land können mir kaum so trefflich munden, wie hier meine Pfeife mit einfachem Tabak nach jeder Mahlzeit schmeckt. Plötzlich durch einen furchtbaren Geruch aufmerksam gemacht, find' ich in meiner Handtasche den Käse und verbanne ihn schleunigst in den Waschtisch. Ich werde sein Stanniol erst auf See lösen. In welcher Gestalt werd' ich diesen Käse finden, als festen Körper oder als Flüssigkeit? Ich glaube, in Gasform.

Morgen früh sollen wir auslaufen. – Wie wird diese Reise werden? Ich ahne stürmische Szenen. Tagebuch, gute Nacht.

Mittwoch, 21. Oktober
Ich bin am frühesten auf. Die anderen springen erst aus ihren Kojen, als der zweite Steuermann sie mit dem üblichen »turn to!« an Deck zur Arbeit ruft. Dass sie gestern alle an Land waren, bezeugt das Durcheinander von Schuhen, Kragen, Hosen, Jumbern, guten Kleidern, Geldbeuteln und Hüten am Boden, das den Besitzern in der jetzigen Eile

einige nicht gerade salonfähige Flüche ablockt. Es ist 6 Uhr und wir machen das Schiff los. Ich begebe mich dabei mit zur Backbordwache, die mit dem Ersten Offizier auf der Back arbeitet, während die andere Wache auf der Pupe, dem Hinterteil des Schiffes, in Gang ist. Die Arbeiter am Land werfen die Drahtseile, die das Schiff gehalten haben, von den Pollern, und wir an Bord holen sie Hand über Hand ein, wobei mir die hervorstehenden rostigen Drahtspitzen die, solcher Arbeit schon lang entwöhnten, Hände aufreißen Lotse und Schlepper sind schon anwesend, und letzterer nimmt uns ins Tau und führt uns langsam aus dem Dock, währenddessen wir mit Korkpfändern bereit stehen. Ins offene Fahrwasser gekommen, beginnen wir nun jene Arbeiten, die für alle überseeischen Reisen vorgeschrieben sind. Die Ladebäume werden hochgehievt oder ganz heruntergeführt, die Geien straff gezogen. Alles, was lose an Deck steht, wird festgelascht, d.h. mit Stricken so festgebunden, dass es beim Sturm nicht von der Stelle rutschen kann. Dann wird das Deck aufgeklart, das Log achter angebracht und die Ladung noch etwas fester gestaut. Diese besteht aus Zucker- und Kartoffelsäcken, Fässern, Kisten mit Waren aller Art. Passagiere haben wir einen; eine große, wundervolle Dogge, noch jung und mit glänzend-grauem Fell. Es ist eine Ulmer Hatzdogge und soll dem Käufer in Lissabon 500 Mark kosten. Sie ist *midships* im Gang angebunden, winselt viel und springt mir mittags, wenn ich vom Koch mit der Suppe komme, zwischen die Beine.

Um 8 Uhr tritt das Vierstunden-System der zwei Wachen in Kraft. Ich höre zu meiner Freude, dass ich daran nicht teilnehme, sondern als Überzähliger, nur am Tag, von 6 bis 6 Uhr, arbeite. Damit bin ich natürlich von Ruder und Ausguck ausgeschlossen.

Meine Kollegen sind etwas freundlicher zu mir. Sie haben wohl gesehen, dass ich meine Arbeit verstehe, und außerdem habe ich willig Kohlen- und Waschwasser-Holen und das Heizen des kleinen Ofens in unserm Logis übernommen. Umso schlimmer sind aber die beiden Steuerleute zu mir, die mich wohl für dumm halten, weil ich mir bis jetzt alles habe gefallen lassen. Sie suchen meine Fügsamkeit auf alle Weise auszunutzen. Meine Geduld ist aber nun zu Ende. Bekomme ich jetzt einen Auftrag, so schwank ich mit der üblichen Langsamkeit eines alten Janmaats über Deck, und als mir heute der Erste Steuermann sagt: ich hätte die Backschaft in meiner Freizeit zu machen, antworte ich ihm mit einem kräftigen »Nein«, worauf er sich brummend fügt.

Alle wundern sich, dass ich abends viel lieber allein in meinem ungeheizten Zimmer sitze, als bei ihnen in der unerträglichen Hitze des eisernen Ofens schmore. Sie ahnen ja nichts vom Tagebuch. Den Nachmittag haben wir Deck gewaschen, und, da ich keine Seestiefeln habe, bin ich total nass geworden. –

Der Lotse ist schon wieder von Bord geholt, wann? weiß ich nicht. Ich habe so vielerlei zu tun gehabt. Man ist plötzlich auf See und hat gar nicht bemerkt, dass man aus Hamburg heraus ist und schon lange die Elbe verlassen hat. Nur selten werfen wir einen Blick auf die Dampfer, Segler, Feuerschiffe, Bagger und Bojen, an denen wir oder die an uns vorüberziehen. Man kennt das eben schon alles.

Gegen Abend fängt das Schiff ein wenig zu rollen an. Man merkt das kaum, wenn man »befahren« ist, und passt sich unbewusst den Bewegungen an. Alles was hängt, wie Bilder, Spiegel, Lampen u. dergl. fangen an perpendikelartig hin und her zu schaukeln. Später wird diese Bewegung noch etwas lebhafter, und als ich eben einmal an Deck gehe, spritzt gerade die erste Welle über die Railing. Morgen werden wir wohl etwas bewegte See kriegen.

Ich habe es für an der Zeit gehalten, mich heute Nachmittag auch mal zu erkundigen, wohin unser Schiff eigentlich fährt. Ich höre also, wir sollen Dienstag nach Oporto kommen. –

Ob ich wohl meine Überstunden bezahlt bekomme? Eigentlich kann ich das verlangen.

Donnerstag, 22. Oktober

6 1/2 Uhr weckt mich der Ausgucksmann. Das Aufstehen fällt schon schwerer. Nun gleich die Pfeife in Brand gesetzt. Weil ich mich der Kälte wegen Nachts so zusammenrolle, bekomme ich jedes Mal Krampf in Händen und Füßen. Doch früh ist das vorüber. Ich gehe nicht eher an Deck, bis der Zweite Steuermann mir und dem freien Matrosen der betreffenden Wache *»turn to!«* zuruft. Ich murmle etwas, das wohl »guten Morgen« heißen könnte,

und der Zweite grüßt mich auf dieselbe Art wieder. Wir waschen die Dampfwinden, bei uns »Winschen« genannt, mit scharfer Kastriksoda. Dann werden diese Maschinen mit Besen und Frischwasser bearbeitet und mittels Schlauches in Salzwasser abgespült. Es ist sehr kalt, und die scharfe Brise, die von vorn her weht, treibt uns das beißende Kastrikwasser ins Gesicht. Dazu klatscht plötzlich eine mächtige Welle herein und durchnässt uns drei, die wir gerade auf der Back das Ankerspill waschen.

Ich stehe mich jetzt mit allen viel besser. Die alte Regel hat sich mal wieder bewährt: Je dreister man auf See ist, umso weiter kommt man. Als ich Mittag nach dem Schaffen (Essen) Waschwasser aus der Kombüse hole, sagt mir der Zweite: ich sollte keine Backschaft mehr auf See machen, das besorge die freie Wache von nun an. Nur im Hafen sollte ich das übernehmen. Die andern finden sich knurrend in diese Veränderung und waschen von heute an selbst ihr Geschirr auf.

Das Schiff jumbt gewaltig, und es spritzt sehr viel Wasser über die Railing. Ich bin mittags, wenn ich das Essen aus der Küche hole, immer gewärtig, dass ich plötzlich etwas Nordsee in die Suppe bekomme. Das wäre schade: die Suppe ist so schon das reine Wasser. Sehr gelacht habe ich über den Hund, der, als er die steile eiserne Leiter, die zum Aufbau von dem Wasserloch aus führt, hinaufklettern wollte, bei den Schwankungen des Schiffes immer wieder herunterfiel. Schließlich musste der Kajüts-Steward das große Tier hinauftragen. Wir haben überhaupt viel Spaß mit der jungen Dogge. Vor dem Wasserschlauch hat sie großen Respekt. Außer mir sind noch 6 Matrosen an Bord. Hein, der zukünftige Steuermann, der schon einmal bei diesem Examen durchgefallen ist. Karl I (denn wir haben zwei) ist ein kleiner Schwede. Er spricht mäßig deutsch und spielt im Hafen Wachtmann. Dann Karl der Große, ein langer, dämlicher, pommerscher Bauernsohn, der wenig und nur auf Leichterfahrzeugen und einem kleinen Kompaniedampfer gefahren ist. Der rothaarige Ostfriese heißt Simon. Ferner sind da noch Richard, ein gutmütiger Bayer, der so groß ist, dass er gerade noch aufrecht in unserm Logis stehen kann, und Emil, für den ich schwärme, ein tüchtiger Kerl und echter Seemann.

Ich habe heute den Schleier von meinem Käse gelüftet und habe diesen in ziemlich gutem Zustand gefunden. Ich gebe ihn zum Abendbrot auf die Back, wo er teils Grauen, teils Entzücken erregt und eine allgemeine Debatte über Käsearten hervorruft, an deren Ende mit drei Stimmen gegen eine anerkannt wird, dass ein Käse am besten schmeckt, wenn er schon bevölkert ist. Der Hauptverteidiger dieser Ansicht, Emil, hat unterdessen den Rest des Streitobjektes verschwinden lassen.

Nachts ziehe ich mir mein warmes Seejackett an und schlafe mit der köstlichen Vorstellung eines warmen Frühstücks ein.

Anbei gleich einmal unsere Speisekarte, die nur selten kleinere Abweichungen zeigt:

Frühkaffee. Kaffeewasser, Brot, Margarine und braunen Grobzucker.

Frühstück. Kartoffeln mit ein Paar Fleischresten, denen der Koch jeden Tag einen andern Namen beilegt, Brot, Margarine.

Mittagessen. Kalte Suppe aus gekochtem Wasser mit einer Möhre drin. Rindfleisch, Kartoffeln, Sauce und etwas Gemüse (Steckrüben oder dergleichen).

Nachmittagskaffee (wie früh).

Abendessen. Bratkartoffeln (von uns »Polierte« genannt), Brot, Margarine.

Ich esse unheimlich viel, ohne fett zu werden, und habe immer noch Hunger. –

Trocken werde ich den Tag über auch nicht mehr. Muss über Nacht mein einziges Paar Stiefeln stets auf den Ofen stellen. Südwester und Seestiefeln vermisse ich sehr. Die See geht hoch. Der trübe Himmel gibt dem Wasser eine graugrüne Färbung. Heute Nacht werden wir erst in den Kanal kommen. Wir haben am Nachmittag in 4 Stunden nur 23 Seemeilen gelaufen.

Verzeihe mir, Tagebuch, wenn ich jetzt einmal an meine Kümmelflasche gehe; aber wenn man den ganzen Tag bei solch kaltem Wetter in nassen Kleidern geschuftet hat, tut so ein Schluck gut.

Freitag, 23. Oktober

Wir sind im Kanal. Das Wetter hat sich etwas aufgehellt. Früh sogar Sonnenschein. Wir malen nun die Winschen an, mit grüner und weißer Farbe. Ich putze das Rudergeschirr mit Schmirgelpapier, Werg und Petroleum, um die Gewinde dann mit Talg und Bleiweiß zu bestreichen. Der Zweite sagt mir auf seiner Wache, ich sollte dabei das alte Fett mit dem

Messer abschaben und kein Petroleum nehmen. Der Erste sagt, wie er an Deck kommt, ich sollte Petroleum, nicht das Messer nehmen. Ich wähle den goldenen Mittelweg und gebrauche beides.

Mit dem Kapitän habe ich heute ein »Guten Morgen« gewechselt. Das ist das erste Wort, das wir seit der Anmusterung zusammen gesprochen haben. Er ist ein sehr stiller und, wie mir scheint, freundlicher Mann.

Gegen Mittag passieren wir Dover und grüßen einen deutschen Dampfer, der uns begegnet.

Da bei uns so unregelmäßig »geglast« wird, habe ich mich heute nach dem Nachmittagskaffee etwas verspätet. Der Erste zitiert mich mit seiner Pfeife, die wir gern überhören, auf die Brücke. »Wann trinkst du den Kaffee?« »Von 1/2 3–1/2 4 Uhr.« »So, wer hat dir denn das geheißen?« »Sie selbst gestern.« »So. Na, von jetzt 1/2 4–4 Uhr. Sieh mal nach dem Log.«

Mit dem Koch habe ich mich stillschweigend ausgesöhnt. Als ich heute den Talg auf seinem Herde aufwärmen musste, haben wir unsere Ansichten über Pfannkuchen-Backen ausgetauscht. Dabei hat er, der Koch, aber unsere beinah anbrennen lassen. Er ist überhaupt ein schlechter Koch. Einen Pfannkuchen beim Umwenden in die Luft werfen und elegant auffangen, kann er nicht, und das ist meiner Ansicht nach das erste Erfordernis für einen intelligenten Koch.

Das Schiff geht jetzt ruhiger. Nur von Zeit zu Zeit bäumt es sich hoch auf, um dann wieder wild aufzustampfen. Bumm – schlägt es dann gegen die Bullaugen unseres Logis, dass dieses einen Moment verdunkelt wird, und zischend spritzt ein Wasserschwall über Back und Vorderpiek. Wehe dem, der gerade über Deck ging! – Das Schutzblech über meiner elektrischen Lampe ist nur klein, und da das Schiff sich etwas nach Steuerbord neigt, meine Lampe aber entgegengesetzt nach Backbord überliegt, fängt sie jetzt an, ein Loch in die Decke zu sengen. Es riecht schon brenzlich. Ich bin aber zu faul, das abzuändern. Lieber werde ich mir eine Zigarette anzünden und mich in die Koje legen. Mag die Decke durchbrennen. Ich habe die Lampe nicht dahin gehängt.

Wie ich so liege, erwacht eine Riesensehnsucht in mir nach Beefsteak mit Spiegeleiern, Würsten, Schinken und dergleichen (doch still davon! Mein Magen krümmt sich.) –

Schwedenkarl ist ein recht unverschämter, dummer Kerl. Er antwortet kaum, wenn ich ihn was frage. –

Bis jetzt ist das Geheimnis meines Tagebuchs noch nicht entdeckt. Hoffentlich geschieht es nie, obwohl ich alle anzüglichen Stellen in einer Art Geheimschrift schreibe, die aus einem Gemisch von Englisch, Französisch, Italienisch und Lateinisch besteht.

Sonnabend, 24. Oktober
Böses Wetter! Es bläst wie toll, und die hohe See fegt gewaltig über Deck. Der Sturm kommt von vorn und nimmt immer mehr zu. Dabei regnet es ohne Aufhören. Kurz, ich sehe, höre und fühle nichts wie Wasser. Ein Hundewetter! Und dazu Farbe waschen, die noch ganz rein ist! Wir »drü-

cken« uns aber auch drum herum, wo wir können. Zum Beispiel der Zweite gibt uns ein Stück Railing zum Waschen. Wir stellen uns nun an, als ob wir das mit Twist und Sodawasser auch wirklich tun wollten, lassen es aber dabei bewenden. Als der Zweite nach einer Zeit wiederkommt, sagen wir ihm, wir seien damit fertig, worauf er uns – von dem Ergebnis höchst befriedigt – ein neues Stück Arbeit anweist.

Die beiden Steuerleute haben das Loch entdeckt, das meine Lampe in die Decke gebrannt hat. Mordsmäßiger Skandal! Sie nehmen mir die Lampe weg. Ich könnte mich auch im Dunkeln ausziehen. Nachmittags sagt mir der Zweite: »Na, da hast du was Schönes angerichtet. Das kostet dich mindestens eine Monatsheuer.« »So«, meine ich, »na, das ist nicht viel.« »Nein?« fragt er. »Wieviel bekommst du denn den Monat?« »Nichts.« –

Unser Logis kann bei dem Wetter nun auch nicht mehr geheizt werden. Wir müssen den Ofenschornstein abnehmen, damit er nicht über Bord gespült wird. –

Heftiger Streit des Kochs mit einem Heizer. – Zu Mittag gibt es das verhasste deutsche Schiffssonnabendsgericht: Klippfisch (»Stinkfisch« genannt), der dann abends noch einmal zum »Lappshausch« verwendet wird. Lappshausch ist ein Brei, der aus Kartoffeln mit Fleisch oder Fisch gestampft wird. Die Fische kommen in getrocknetem, meist verrottetem, Zustande an Bord. –

Meine Tuchmütze ist mir über Bord geweht. Ich habe jetzt nur noch eine weißleinene. –

Meine Füße sind noch jetzt, abends, quatschnass.

Eben wird gemeldet, dass das Wasser in die Vorder-
piek eingedrungen ist und dort ein paar Fuß hoch
steht. Wir pumpen eine Weile mit einer kleinen
Handpumpe. –

Fünf Meilen laufen wir nur in der Stunde, denn
Wind und See kommen von vorn. Ich kann kaum
schreiben bei der Schaukelei.

Wenn ich im Trocknen sitze, dann habe ich dieses
Wetter gern. Dann rauche ich mit vollen Lungen-
zügen eine Zigarette oder Pfeife und schaue durch
das Bullauge dem großartigen Schauspiele der Wel-
len zu. Es hat wirklich etwas Erhabenes, dieses
weite, weite Meer, zumal wenn es grollt. Rau-
schend rollt es jetzt seine mächtigen tiefgrünen
Wogen gegeneinander, dass sie sich zischend auf-
bäumen, und der Sturm jagt den blendend-weißen
Schaum als dichten Sprühregen hoch durch die
Luft. Ich könnte das nie genug ansehen. – Ach,
wie schön muss es sein, als Passagier reisen und
ganz dem Genuss dieses Anblickes sich hingeben
zu können! –

Ein Schluck aus der Flasche (deren Inhalt recht
abnimmt!) –

Ich hole mir eine Raumlaterne aus dem Lampen-
spind in mein Zimmer, denn der Dunkymann, der
mir versprochen hat, mein elektrisches Licht wie-
der herzustellen, teilt mir eben mit, dass das un-
möglich sei. –

Mein Margarinebrot schmeckte heute Abend furcht-
bar nach Petroleum. Ich hatte kurz vorher Lampen
geputzt.

Na, gute Nacht, Tagebuch! Ich hoffe, ich kann mich morgen am Sonntag mal recht ausschlafen.

Sonntag, 25. Oktober
Herrlich fauler Tag für mich; brauche nichts zu arbeiten, nicht mal ans Ruder zu gehen! Die See geht sehr hoch, und da sie jetzt auch von seitwärts kommt, so rollt das Schiff nun auch von einer Seite auf die andere. So habe ich die letzte Nacht bald mit den Füßen nach unten, bald auf dem Kopfe stehend geschlafen. Aufrecht stehen kann man kaum mehr. Ist das ein Kunststück, mit der gefüllten Suppenschüssel mittags von der Küche ins Logis zu kommen!
Ich bin erst um 1/2 8 Uhr aus der Koje und seitdem schon einige Male wieder hinein gekrochen. Dazu habe ich geraucht wie ein Schornstein. Ich schlafe abends auch immer mit der Pfeife im Munde ein.
Nachmittags wasch ich Zeug. Dann spiel ich mit Karl dem Großen und Simon eine Partie »Schafkopf«. Von Emil habe ich für ein Hemd einen Sack Feigen eingetauscht, der noch aus der Ladung von letzter Reise stammt.
Wir beschweren uns heute, dass der Koch keinen »Klöben« (Kuchen) und keinen Pudding bäckt.
Kümmel und Zigaretten nehmen rasend ab. Ich hoffe, dass meine Füße bis Neujahr einmal trocken sind.
Die Reise wird wohl länger dauern als wir dachten. Wir können bei diesem Wetter nur mit halber Kraft fahren.

Wenn ich nur etwas zu lesen hätte! Selbst meine Pantoffeln sind nicht – wie ich gehofft hatte – mit Zeitungspapier gefüttert …

Halt! Hilfe! Meine Tinte rutscht fort!

Ich selbst muss mich beim Schreiben mit einer Hand an den Waschtisch klammern, um nicht umzufallen. –

Unten im Heizraum gibt es einen tüchtigen Knall. (Dunkymann sagt mir später, das Wasserstandsglas wäre geplatzt).

Der Hund ist ganz mager geworden. Ich werde gelegentlich mal seine Rippen zählen.

Es wird nachts merklich wärmer.

Simon und großer Karl überbieten sich in rohen Späßen.

Vorhin habe ich mich mal im Zeichnen versucht, aber erfolglos. Ging durchaus nicht.

Soll nachher Proviant für diese Woche holen, obwohl wir noch welchen haben. ('s ist ein hässlicher Grundsatz bei den Seeleuten: Nur der Kompanie nichts schenken. Lieber über Bord werfen.)

Montag, 26. Oktober
Habe der Schlenkerei wegen sehr schlecht geschlafen. Schiff fliegt aber auch wie toll herum und ächzt und zittert unterm Wogenprall. Dazu klappert alles, was hängt oder nicht ganz feststeht, wie Teller, Ankerketten, Lampen, eiserne Geräte usw. unaufhörlich. Beim Mittagessen balanciert man den Suppenteller in der einen Hand, und mit der andern klammert man sich an irgend einen Halt. Das Heizerlogis bietet am Nachmittag einen wüs-

ten Anblick. Auf dem Boden rollen Flaschen, Teller, Tassen, Kartoffeln, Stiefel, Erbsensuppe, Kohlen, Gabeln, Speck und Sauerkohl in grausem Gemisch durcheinander, und wir Matrosen lachen uns schief über den Backschaft machenden Trimmer Paul, der ganz aufgelöst in Verzweiflung zwischen den Herrlichkeiten herumsegelt.

Gott sei Dank, wir waschen heute kein Deck. Dafür bekommen wir einmal echt seemännische Arbeiten wie Spleißen und Kleiden. Aus dem Kanal sind wir rausgekommen. Wann, weiß ich nicht.

Essen noch immer greulich, und der Koch, das ganze Schiff und die Reederei werden hundertmal zur Hölle gewünscht.

Beschluss einiger meiner Kollegen, sich gelegentlich mal wieder zu waschen. Ich gelte in dieser Beziehung bei ihnen als ein Muster, weil ich mir täglich Hände und Gesicht reinige.

Gegen Mittag rechts und links je 1 Dampfer in Sicht. Der eine, ein Bremer Lloyddampfer, fährt erstaunlich schnell.

Ich habe in voriger Nacht den ganzen Sack Feigen aufgegessen und wahrscheinlich deswegen so schlecht geschlafen.

Jetzt (ich schreibe stets abends am Tagebuch) zeigt sich wieder ein Feuer an Backbord voraus. Das Meer erschien heute am Tage schwarz und nur im Schaum teils hellgrün, teils blendend-weiß. Dabei war blauer Himmel und Sonnenschein.

Ich merke, ich bekomme Schluckbeschwerden. Der Hund vermag sich auch kaum auf den Beinen zu erhalten und heult unausgesetzt.

Wir müssen wieder einige Zoll Wasser aus der Vorderpiek pumpen. Das Wasser steht überhaupt überall. Es rauscht unter den Kojen in den Logis, in meiner Kammer, im Gang und im Waschhaus und gibt uns viel zu schaffen. Der Kaffeekessel und ein Teerfass sind umgefallen und haben sich entleert und liebevoll vermischt.

Dienstag, 27. Oktober
Wetter wie gestern. Langsames Vorwärtskommen. Regen, aber trotzdem Deckwaschen. Der Wind heult, und aus dem Ölzeug und den nassen Füßen komme ich gar nicht mehr heraus.
Ich habe das Duzen von seiten der Steuerleute satt. Obwohl mir der Zweite jetzt viel freundlicher und nicht ganz ohne Humor erscheint, werde ich doch sowohl ihn wie auch den Ersten mal darauf aufmerksam machen, dass ich nicht als Junge, sondern als Matrose gemustert habe. Der Erste ist heute fürchterlicher Laune.
Über den Kapitän spricht alles nur Gutes. Es muss wirklich ein tüchtiger, charaktervoller Mann sein. –
Koch hat Weißbrot gebacken. –
Ich habe die Rippen von unserm Hund gezählt und an jeder Seite 8 gefunden. Ob das wohl normal ist?

Mittwoch, 28. Oktober
Heute früh 6 Uhr Kap Finisterre in Sicht. Seitdem immer bergiges Land an Backbord. Die See ist ruhiger, die Temperatur lau. Es regnet strichweise. Wir waschen Deck und Farbe. Ich bekomme Streit mit Simon, der ein recht ruppiger Geselle ist.

Die Empörung über das schlechte Essen dauert fort. Besonders Karl der Große wütet. Ich muss freilich gestehen, dass ich das Essen verhältnismäßig gar nicht so schlecht finde. Karl hat sicher noch auf keinem Segelschiff gefahren, da lernt man alles essen.

Schwärme von Schweinsfischen (Tümmlern) zeigen sich. Es ist hübsch zu sehen, wie die großen Tiere in weiten Sprüngen das Schiff umspielen. Ich wünschte, wir hätten einen davon zum Frühstück. –

Habe dem Messraumsteward eine Zigarette geschenkt, soll mir dafür einen Wurst- oder Käserest verschaffen.

Meine Schuhe, die von der ewigen Nässe weich wie Papier geworden sind, will ich nun diese Nacht über in den heißen Maschinenraum legen, auf die Gefahr hin, dass ich sie morgen als ein Paar vertrocknete Riesenmorcheln wiederfinde. Es wird jetzt übrigens, Gott Lob, schon wärmer.

Gegen 9 Uhr abends – ich schreibe dies um 6 – werden wir wohl in Oporto sein und dort vorläufig vor Anker gehen, um dann morgen den Fluss hinauf zu dampfen. Ankerlaternen und Ankerspill sind wenigstens klar zum Gebrauch gemacht. Ich hoffe, dass sie mich dann nicht aus der Koje holen. Wir wollen in Oporto einen Teil der Ladung löschen und dann weiterfahren nach Lissabon.

Cäsar – so heißt unser Hund – ist ein recht amüsantes, munteres Skelett. Wenn ihn der Obersteward gegen mich zu hetzen sucht, so beißt er diesen und wedelt mir dann freundlich zu. Ahnt er vielleicht, dass ich es bin, der jeden Morgen mit Schaufel, Besen und einem Eimer Wasser errötend seinen Spuren folgt? Ich habe ihn heute noch rechtzeitig gehindert, einen Eimer scharfes Sodawasser und dann einen andern mit salzigem Meerwasser auszusaufen. –

Ob ich wohl in Lissabon einen Brief aus der Heimat vorfinden werde? Es ist das immer eine große Freude, und ich kann einen solchen Brief dann wohl ein dutzendmal hintereinander durchlesen.

Das Meer hat nun, wie überall in der Nähe des Landes, eine hellgrüne Färbung bekommen.

Heute Nacht hoffe ich, da der Sturm nachgelassen, endlich mal gut zu schlafen. Zur Koje denn!

Eiliges Herumtrampeln über mir und Handspaken klappern. Im Halbschlaf hör ich: *»Let go the anker!«* Rummbidibumm – poltert das große Eisen in die Tiefe und erweckt mich völlig. Es ist gegen 9 Uhr, und ich lege mich aufs andre Ohr und schlafe weiter.

Donnerstag, 29. Oktober

Messraumsteward weckt mich um 6. Die andern haben auch die ganze Nacht geschlafen und gehen Hafenwache wie ich. Wir sind in dichtem Nebel eingehüllt und müssen anhaltend mit der Glocke läuten, um uns etwaigen Schiffen beizeiten bemerkbar zu machen. Wir waschen Deck, schlagen die Keile aus den Luken heraus und verrichten andere dergleichen Arbeiten.

Die Bombe ist endlich geplatzt. Heute früh, als mich der Zweite ohne eigentliche Ursache anschreit und mir sogar einen Stoß gibt, sage ich: »Sie brauchen mich gar nicht anzustoßen und übrigens, bitte, wollen Sie mich nicht mit ›Sie‹ anreden? Ich bin 21 Jahre alt und habe 3 Jahre auf See gefahren.«

»So. Das sieht man dir gar nicht an. Nein, zu einem Jungen sage ich nicht ›Sie‹.«

»Ich bin aber nicht Junge, sondern Matrose.«

»Ja, aber ich sage nicht ›Sie‹. Da musst du dich beim Ersten beschweren.«

Das tu ich denn auch bald darauf in höflicher Weise. Jedoch der Erste Steuermann schimpft erst recht und meint, wenn ich Matrose wäre, würde ich doch nicht ohne Heuer fahren. Dass ich das nur meiner Augen wegen tun muss, will er nicht begreifen. –

Da wir nicht an der Bank von Oporto vorbeikönnen, hieven wir wieder Anker hoch und dampfen nach Leixos, um dort die für Oporto bestimmte Fracht zu löschen. Leixos ist ein kleiner Ort dicht bei Oporto. Der Hafen ist von einer runden Steinmauer eingefasst, die nur einen schmalen Eingang freilässt. Vor diesem ragen ein Paar zackige Felsstücke aus dem Wasser heraus. Dort braust Tag und Nacht eine hohe Brandung. In Leixos liegt schon ein anderer Dampfer unsrer Kompanie, ferner ein Franzose, ein Engländer und noch irgend ein Ausländer nebst mehreren Leichtern. Übrigens kenne ich diesen Hafen schon von früher.

Es ist plötzlich sehr warm, fast heiß geworden. Zwischen Wald und Hügeln liegen die ein- und zweistöckigen Häuser mit den grellroten Ziegeldächern, heute von warmen Sonnenstrahlen beschienen.

Wir erhalten Befehl, allen Tabak abzuliefern, der so lange, wie wir hier liegen, in der Postkammer unter Zollsiegel aufbewahrt wird.

Der Krach mit den Steuerleuten dauert fort. Nach Tisch sagt der Zweite zu mir: »Du willst also auf ›du‹ nicht mehr hören?« »Nein.« »Warum sagst du mir denn das erst jetzt?« »Weil ich, neu an Bord gekommen, mich nicht gleich beschweren wollte.« »Nun, ich sage aber nicht ›Sie‹ zu dir.« »Und ich höre nicht mehr auf ›du‹.« »Na, da kannst du meinetwegen ins Logis gehen und dich schlafen legen.« »*Allright!*« sage ich und begebe mich ins Logis, wo ich bis zum Kaffee bleibe. Sämtliche Matrosen und auch die Heizer finden mein Benehmen sehr richtig und raten mir, so fortzufahren. Nach der Kaffeepause ruft der Zweite sein gewohntes »*turn to!*« ins Logis. Die andern gehen hierauf an Deck an ihre Arbeit, nur ich bleibe im Logis, besorge die Backschaft und nehme dann eine alte Seemannszeitschrift zum Lesen vor. Nach etwa einer dreiviertel Stunde steckt der Zweite wieder seinen Kopf durch die Tür: »Na, Fritz, wollen wir noch nicht antreten?« »Ja wohl. Ich sage Ihnen aber gleich, auf ›du‹ hör' ich nicht.«

»Ja, ich sage nicht ›Sie‹. Wenn du mir das gleich von Anfang an gesagt hättest, dann wäre das was anderes. Ich kann doch jetzt nicht mit einmal ›Sie‹ sagen.«

»O Steuermann«, sag' ich, »da vergeben Sie sich gar nichts. Deswegen bleiben Sie doch mein Vorgesetzter und ich habe nur noch mehr Respekt vor Ihnen.«

»Nein, ›Sie‹ sag' ich nicht. Weshalb lässt du dich denn vom Ersten immer ›du‹ nennen?«

»Das lasse ich mich nun auch nicht mehr.«

»Nein, ich sage nicht ›Sie‹.«

Darauf höre ich, wie er noch zu Richard sagt:

»Haben Sie etwa den Menschen aufgestachelt?«

Dann geh ich ins Logis zurück. Nun wird gewiss der Erste kommen, um mich zu holen. Ich bin fest entschlossen, zunächst höflich zu ihm zu sein, aber nicht nachzugeben.

Nach einiger Zeit erscheint er auch wirklich in der Tür.

»Was, du willst nicht mehr arbeiten?‹

»O ja, aber nicht mit ›Sie‹ angeredet werden.«

»Marsch 'raus an die Arbeit.«

»Nicht auf ‚du'!«

»Du gehst raus!« (Ich bleibe sitzen.)

»Willst du raus aus dem Logis?«

»Nein.«

Er springt auf mich zu und packt mich am Arm.

»Ich will dich doch herauskriegen!« brüllt er.

»Rühren Sie mich ja nicht an«, rufe ich nun auch gereizt.

»Sie gehen heraus!«

»Jawohl.« (Ich gehe an Deck.)

»So, nun gehst du an deine Arbeit.« (Ich gehe wieder hinein.)

»Aus Gnade bist du angenommen und musst ohne Heuer fahren«, schnaubt er.

»Ja, ich arbeite aber auch redlich mein Teil.«

»Na warte, das will ich doch dem Alten sagen. Du musst hier an Land.« Und damit geht er wütend ab.

»Recht so!« rufen Dunkymann und die andern, die uns umstanden haben. »Er darf dich hier gar nicht an Land schicken.« –

Der Alte ist nicht mehr gekommen, wie ich erwartet hatte. Der Erste wird ihm wohl gar nichts gesagt haben. Es ist auch noch sehr die Frage, wem der Alte dann Recht gibt, mir oder den Steuerleuten. Er ist ein sehr gerechter Mann. Der Streit ist mir aber doch sehr fatal.

Die andern sind jetzt recht freundlich zu mir. Ich suche aber auch immer mit ihnen möglichst gut auszukommen. Simon habe ich den letzten Rest Kümmel gegeben. Hui, wie seine Augen leuchteten! –

Ich bin begierig, was aus der Kampelei noch wird. Wenn mich der Alte hier wegschickt, muss er mich auf seine Kosten nach Hamburg spedieren.

Die Mannschaft hat heute gebeten, das Logis einmal gründlich reine machen zu dürfen. (Das Wasser steht unter den Kojen und verbreitet einen abscheulichen Geruch. Es ist sicher gesundheitsschädlich.) Der Zweite hat es den Leuten aber abgeschlagen. (In Hamburg, ehe die Gesundheitspolizei an Bord kommt, wird er es schon tun lassen!)

Die Luken sind geöffnet und die portugiesischen Arbeiter löschen bereits die Ladung für Oporto, trotz der vorgerückten Nachtstunde, in der famosen Beleuchtung unserer sogenannten Sonnenbrenner.

Ich will mich ein wenig mit einer Zigarette an Deck setzen. Zum Angeln ist es leider zu spät. Nach einem Bumboot-Mann, von dem ich Wein oder dergleichen kaufen oder eintauschen könnte, habe ich heute vergebens ausgeschaut.

Ach, Steward wollte mir ja heute auch ein Stückchen Wurst aufheben.

Meine Schuhe fand ich morgens schön warm, wenn auch ganz steif von der Hitze.

Freitag, 30. Oktober

Lustiger Mittag heute. Emil erzählt recht humorvoll von seinen Großtaten bei der Marine, und Simon weiß nicht übel einen Kampf mit einem Stör zu beschreiben, den er schlachten sollte. Ich bin morgens beim »*turn to!*« mit an Deck gegangen, will doch sehen, wie sich die Steuerleute heute verhalten.

»Hol mal eine Lampe aus dem Lampenspind!« wendet sich der Zweite an mich. Daraufhin geh' ich ohne ein Wort zu sagen, ins Logis zurück und nähe mir in der Zeit bis zum Frühstück Knöpfe an mein Ölzeug. Nach dem Frühstück kommt der Zweite und sagt: »Fritz, du sollst mal zum Alten kommen.«

Aha! – Na ich gehe zum Alten auf Hochdeck und klopfe an seine Tür. »Herein!« Kapitän sitzt am Tisch und schreibt. Er ruft mir zuerst ein sehr anständiges »Guten Morgen!« entgegen und fährt, als ich ihm dies so höflich wie möglich erwidere, fort: »Sie verweigern also die Arbeit?«

»Nein.«

»Sie verweigern also die Arbeit?« fragt er nochmals in ernstem Ton.

»Nein.«

»Sie verweigern also die Arbeit, und wenn Sie sich nicht gleich an Ihre Arbeit machen, schreibe ich Sie ins Journal! Und nun gehen Sie.«

»Erlauben Sie mir nur ein Wort. Ich bin 21 Jahre alt und – –«

»Meinetwegen können Sie 30 Jahre alt sein. Sie haben als Junge gemustert.«

»Nein, als Matrose.«

»Sind Sie denn Matrose?«

»Jawohl, Kapitän, ich verstehe meine Arbeit. Die Steuerleute haben mich mit ›Sie‹ anzureden.«

»Das ist gleich, die tun das aber nicht, und wenn Sie nicht gleich arbeiten, dann werden Sie in Lissabon oder in Hamburg inloch (eingesperrt).«

Ich gehe schweigend. Ich glaube, in Gedanken gibt mir der Alte doch Recht, und wenn er es auch nicht tut, so bleibt er für mich doch ein braver freundlicher Mann. Die beiden Steuerleute stehen auf dem Verdeck. Ich sage laut zum Zweiten, sodass es der Erste mithören muss: »Steuermann, ich darf meine Arbeit nicht verweigern. Ich werde also wieder arbeiten, aber ich sage Ihnen gleich, wenn Sie ›du‹ zu mir sagen, nenne ich Sie auch ›du‹, und ebenso mache ich's mit dem Ersten. Was soll ich jetzt arbeiten?« Ich bekomme keine Antwort und stelle mich also an Deck hin, gleichgültig auf Ordre wartend. Die andern malen auf Stellings außenbords das Schiff schwarz und rot.

Endlich knurrt mir der Zweite zu, der wohl einsieht, dass er auf diese Weise nichts erreichen kann: »Hilf mal Richard Blöcke ölen.« Ich nehme nun die Arbeit wieder auf, nenne den Zweiten aber bei jeder Gelegenheit auch ›du‹ (was er scheinbar überhört). Dasselbe tu ich mit dem Ersten.

Ein Herr von Land kommt mit dem Boot längsseits und will den Kapitän sprechen. Ich hänge eine Sturmleiter über die Railing.

Dann lässt mich der Zweite das Ankerspill malen, obgleich er doch wissen muss, dass es in einer Stunde etwa schon wieder gebraucht wird, zum Ankerhieven, und dabei die nasse Farbe mit Schlamm und Sand verschmiert wird. Wir führen dabei ein ganz freundliches Gespräch, aber immer *per ›du‹*. Ob sich das der Erste auch so ruhig gefallen lässt? Ärgern tun sich natürlich alle beide mächtig, und die Mannschaft amüsiert sich königlich.

Die Ladung ist gelöscht, und ich werde in den Kettenkasten geschickt. Wir hieven Anker. Der Kettenkasten ist ein enger, dunkler, eiserner zweigeteilter Raum, der eine Teil für die Steuerbord-, der andre für die Backbord-Ankerkette. In diese Kästen rollt nun die Kette beim Ankerhieven, und meine Aufgabe ist es, die schweren Glieder ordentlich, gleichmäßig zu verteilen. Diese kräftige und auch schmutzige Arbeit (denn an der Kette haftet noch der Schlamm vom Meeresgrund und fällt einem von oben in großen Klumpen auf den Kopf) muss sehr eilig von statten gehen, denn die Kette rollt mit ziemlicher Geschwindigkeit in den Kasten. Es ist auch nicht ganz ungefährlich in dem Kasten da unten, und ich muss gut aufpassen, dass mir die eisernen Glieder nicht auf die Füße fallen. Klar zum Herausspingen aus dem Raum bin ich auch,

für den Fall, dass die Bremsvorrichtung am Anker-
spill einmal versagt, damit mich die dann heraus-
sausende Kette nicht erfasst und in die schmale
Klüse reißt.
Der Anker ist herauf, und ich steige, über und
über schwitzend, die Raumlaterne in der Hand,
wieder ans Tageslicht. Wir befinden uns auf der
Reise nach Lissabon. Ich hoffe stark, dort einen
Brief vorzufinden. Wir werden wohl morgen Mittag
dort ankommen.
Gute Nacht, Tagebuch, ich bin furchtbar müde.

Sonnabend, 31. Oktober
Wir fahren ganz dicht längs der portugiesischen
Küste hin. Zu Mittag gehen wir in Lissabon vor
Anker.
Diese große, terrassenförmig gelegene Stadt bietet
ein sehr buntes, malerisches Panorama. Die Leich-
ter kommen längsseits an unser Schiff und bringen
die portugiesischen Arbeiter mit den langen wolle-
nen Zipfelmützen sowie auch die Zollbeamten mit
sich.
Die meisten von uns haben sich auf Briefe aus der
Heimat gefreut. Es ist aber nur einer für Richard
da. – Der arme Junge! Er liest darin, dass sein
Vater vor acht Tagen gestorben ist. Richard weint
verstohlen. »Ja, da ist nichts zu machen«, trösten
ihn die andern.
Wir hören, dass unsere Böte nicht ausgesetzt wer-
den. Mit der Hoffnung, an Land gehen zu können,
ist es also nichts. Dafür dürfen Emil und ich aber
endlich mal das Logis reine machen, und wir tun

das gründlich und nach Seegebrauch. Zuerst bohrt Emil mit einer Eisenstange ein Loch in einer Ecke der Schiffswand, damit das Wasser abfließen kann. Dann wird alles, was im Logis herumliegt, hinausgeschafft und dann der Fußboden sauber ausgefegt. Hierauf geht's an die weißgemalten Wände und Kojen: Emil wäscht mit Sodawasser vor, ich mit Salzwasser nach. Nachdem Tisch und Bänke mit Sand und Seifenwasser schneeweiß gescheuert sind, werden die Dielen mit Scharfwasser und Besen vorgenommen, dann mit Salzwasser abgespült und endlich mit einem alten Sack aufgetrocknet. Das dauert ziemlich bis abends.

Auch in meiner Kammer habe ich reine gemacht und dabei unter meiner Koje eine Büchse Ölsardinen gefunden, die irgendjemand früher mal gestohlen und dann dort versteckt hat.

Der Kaffee schmeckt ganz abscheulich. Koch hält die Bohnen für sich zurück und gibt uns fast nur Zichorie. Wir wollen uns von jetzt an unsern Kaffee selbst kochen. 225 Gramm haben wir pro Mann wöchentlich zu verlangen.

Schweden-Karl wird wegen seinem Diensteifer sehr aufgezogen. Die andern nennen ihn nur »Bootsmann«, und sein Namensvetter will ihm über Nacht goldene Knöpfe an die Jacke nähen.

Es gefällt mir heute wieder mal ganz gut an Bord. Ich hatte meine Angel ausgesteckt, habe aber nichts gefangen, da hier zu viel Strom herrscht und ich nur Brot als Köder habe.

Am Abend bestimme ich Richard, sich in meine Kammer zu setzen, um ungestört an seine Geschwister (Mutter hat er auch nicht mehr) schreiben zu können. Die andern spielen 66. Schweden-Karl sitzt mit mir im andern Logis bei den Heizern und Trimmern, denen ich einige Kunststücke vormache wie: Stecknadeln in den Arm stechen, Messer werfen und Glas und Kohle essen. Ein Trimmer ist unter ihnen, den die andern fortwährend zum besten haben. Heute haben sie ihm eine Rolle Kautabak versteckt, und als er abends seinen Tee ausgetrunken hat, findet er sie auf dem Boden seiner Blechtasse. Geschmeckt hat er nichts.

Viele Kriegsschiffe liegen hier und wir lachen über die schlappe Haltung der portugiesischen Mariner in den Böten. Wie anders halten sich dagegen unsere Jungen!

Sonntag, 1. November
Sehr fidele Stimmung heute. Um 8 Uhr bin ich aufgestanden. Dann habe ich etwas gezeichnet. Leider verhinderte dichter Nebel, die Stadt abzuzeichnen. So habe ich mich begnügt, den ersten und zweiten Steuermann zu konterfeien, wie sie mit den Schläuchen in der Hand das ganze Schiff bespritzen. In der Ecke ist Cäsar zu sehen, der mit eingezogenem Schwanze auskneift. Ich habe »Wasch Deck« auf das Bild geschrieben und dazu ein Gedicht gemacht. Die Matrosen sind entzückt über das Gemälde und die hehre Poesie. Emil will das Bild nachts da aufhängen, wo nur die Steuerleute und Maschinisten hingehen dürfen und notwendigerweise auch vorbei müssen. Das Bild ist

allerdings, nachdem es von Hand zu Hand gegangen, schon merklich fetthaltig geworden.

Nach Erledigung dieser Kunsttätigkeit habe ich mich der allgemeinen Zeugwäsche angeschlossen, die bis Mittag dauerte. Die ganze Back ist mit Wäscheleinen überspannt und mit Hemden, Strümpfen, Mützen, Decken usw. beflaggt, die bei dem vortrefflichen warmen Wetter rasch trocknen.

Ich habe mir mit 3 Heizern die Erlaubnis geholt, an Land zu fahren. Die verwünschten Portugiesen verlangen aber 2 Mark für die Überfahrt, und so geht schließlich nur der Obersteward an Land. Emil rennt wütend mit dem Frühstück, das aus lauter Fettstücken besteht, vor die Küche. »Was, so ein Schweinefutter sollen wir essen? Elender Schmierfink! Wenn du ein Kerl bist, dann kommst du raus an Deck und stehst mir Rede!«

Der ängstliche Koch denkt aber gar nicht daran, die Kombüse zu verlassen, schickt uns jedoch, nachdem wir uns noch beim Alten beschwert haben, besseres Essen und zu Mittag sogar Pudding.

Richard und ich sind recht gute Freunde geworden. Er bringt mir heute ein Buch, den Jahrgang 1870 der Deutschen Romanzeitung. Ich habe gleich den »Piratenleutnant« angefangen, eine höchst spannende Erzählung von Balduin Möllhausen. Vor dem Kaffee verliere ich an Karl den Großen 20 Pfennige im 66. Dieser Mensch verdient sich auch auf andere Weise Geld: für 10 Pf. pro Mann rasiert er und behauptet mit Recht, wenn er jemandem das halbe Kinn weggeschnitten hat, man sehe kein Haar mehr.

Die Portugiesen verschlingen mit großer Gier die Überbleibsel von unserem Mittagessen. Ich lasse mir von dem wachthabenden Zollbeamten eine Zigarette drehen, was diese Südländer unglaublich schnell und geschickt besorgen. Auch eine Zigarre habe ich mir zur Feier des Tages von einem Heizer für 20 Pf. gekauft. Wenn sie ihn den vierten Teil gekostet hat, dann hat er sie teuer bezahlt. Ich habe sie aber doch überlebt.

Ich will nun noch ein bisschen an Deck herumspazieren …

Montag, 2. November

»*Turn to!*« Alles schnarcht noch. Ich habe auch sehr fest geschlafen, ehe der Ruf mich erweckte.

Wir fegen den Zucker und den Schmutz aus den Schiffsräumen, die, bis auf das Gut nach Gibraltar, leer sind, sammeln das Streuholz und rollen die Matten zusammen. Der Obersteward hat mir – natürlich für mein gutes Geld – 9 Ansichtskarten nebst den nötigen Briefmarken mitgebracht, die ich zu Mittag verschreibe und dem abgelösten Zollbeamten zur Beförderung mitgebe.

Ärger über Karl den Großen, der ein richtiger Ochse ist und doch im Logis immer das große Wort führt.

Der Hund ist an Land gebracht und seinem Besitzer eingehändigt worden. Koch ist wütend, dass er für die Fütterung des Tieres kein Trinkgeld bekommen hat. Zweiter Steuermann vermeidet jetzt jede direkte Anrede an mich; ich ebenso ihm gegenüber.

Für den Alten sind 2 Fässer Wein an Bord gebracht worden. –

Wir rüsten uns zur Weiterfahrt. Die Luken werden angelegt, die Bäume heruntergeholt, die Geien hochgebunden und die Trossen eingeholt. Die Portugiesen flüchten eilig auf die Leichter, die ihre großen Segel hastig wie Flügel ausspannen und davonschwimmen. Die Uhr, oder wie wir sagen, die Glock, ist 5. Wir sind schon in Gang. Die Schraube dreht sich, der Alte und der Erste sind auf der Brücke. Das Log ist ausgehängt. Ölkannen und Werkzeug werden weggeborgen, die am Boden liegenden Tauenden aufgeschossen und die Drahttaue aufgerollt.

6 Uhr. Die Wachen werden eingeteilt, und Emil geht ans Ruder. Hinter uns am Horizont zeigt sich ein Lichterstreif: Lissabon. Auf Wiedersehen! – Schweden-Karl hat unterdessen das Essen für seine Wache geholt. Jetzt schlägt es »vier Glasen« auf der Brücke, der Ausguckmann wiederholt das auf der Back, und die andere Wache stürzt sich mit mir zusammen auf »Pellkartoffeln mit Hering«.

Dienstag, 3. November
Verwünschtes Aufstehen! Hilft aber nichts. »Wasch Deck!« brüllt es. Ach, nun geht's wieder los: Schlauch anschrauben, Wasser in der Maschine bestellen, Besen herbeischleppen. Diesmal bin ich aber vorsichtiger und ziehe mir Schuhe und Strümpfe aus. So geh ich barfuß auf dem kühlen Deck, das über der Maschine umso heißer ist. –
Um 8 Uhr ist das ganze Schiff von vorn bis achter sauber und bei dem Sonnenschein auch bald darauf trocken. Nunmehr bestreichen wir's mit schwar-

zem Kohlenteer, was bis gegen Abend dauert. Wir können jetzt nur noch auf schmalen Holzbrettern über Deck gelangen.

Die See zeigt bei klarem Himmel eine fast grellblaue Färbung und ist spiegelglatt. Um 7 Uhr wird von Backbord aus ein Feuer gemeldet. Ich glaube, wir werden gegen 10 in Gibraltar sein.

Es wird jetzt bei uns fortwährend Karte gespielt. Ich selbst komme über den »Piratenleutnant« nicht viel ans Tagebuch.

Wir begegnen einem großen Dampfer und grüßen mit der Flagge. Unsere Flagge ist blau mit rotem Kreuz darüber. In den dadurch gebildeten 4 Feldern stehen die Buchstaben: O. P. D. R. (Oldenburgisch-Portugiesische-Dampfschiffs-Reederei). Die ruchlosen Matrosen lesen sie aber: O Peter Du Rindsvieh! (Peter heißt nämlich der erste Steuermann.)

Mittwoch, 4. November
Um 6 Uhr in Gibraltar vor Anker. Wir konnten nicht hereinkommen und sind solange draußen hin und her gekreuzt.

Gibraltar liegt romantisch am Fuß eines steilen Felsengebirges, dessen Gipfel augenblicklich in schwarze Wolken eingehüllt ist. Zahlreiche englische Kriegsschiffe ankern hier, und wir hören sie fortgesetzt Salut- oder Signalschüsse abfeuern. Auch ein Dampfer unserer Kompanie und ein Bergungsdampfer zeigen sich.

Auf der andern Seite erblicken wir von weitem Marokko. Ich treibe allerhand Spaß mit den spanischen Schauerleuten, die in gelben Stiefeln und malerischer Kleidung an Bord gekommen sind. Sie sind sehr lustig, bettelig und diebisch.

Nun werden die letzten Zuckersäcke aus dem Schiffsraum in die Leichter gehievt, wobei mitunter hoch oben in der Luft ein Sack platzt und seinen Inhalt über den zweiten Steuermann entlädt, der unten die schadhaften Säcke mit Segelgarn zunäht und den mit dem Besen zusammengefegten Zucker wieder hineinfüllt.

Wir haben den Schmutz aus dem Raum zusammengekehrt, ein schrecklicher Salat von Überresten alter Ladungen: Reis, Eisenerz, Kork, Zement, Zucker und so viel Kaffeebohnen, dass eine Familie daran für ein Jahr genug hätte.

Um Möwen zu fangen, habe ich mittags eine Angel mit einem Stück Speck ausgeworfen, die niederträchtigen spanischen Schufte haben mir aber heimlich die Schnur durchschnitten.

Der Trimmer Paul, die ewige Zielscheibe aller Späße, wird wieder furchtbar angelogen. Sie erzählen ihm von den hier wachsenden Zwiebelbäumen, den hier umherschwimmenden Ölsardinen, zeigen ihm feuerspeiende Berge und den »Wendekreis des Herings« und dergleichen schöne Dinge, die er alle auf Treu und Glauben hinnimmt. Besonders versteht Dunkymann so etwas höchst ernsthaft vorzubringen. Uns andern wird es sehr viel schwerer, das Lachen zu verhalten.

Entsetzlich viel Fliegen!

Donnerstag, 5. November
Es gießt in Strömen vom Himmel. Steuermann kommt deshalb noch immer nicht mit seinem »*Turn to!*«, obgleich die Glock bald 10 ist.

Kartenspiel und die Fortsetzung von Pauls Veralberung. Wir unterhalten uns laut darüber – und zwar so, dass Paul es mithören muss – dass die Eingeborenen hier Gorillas fangen und wir uns solch einen Affen anschaffen wollen.

Zu Mittag kommt ein Bumbootmann mit Floridawasser, Feigen, Apfelsinen (teilweis noch ganz grünen) und Zigarren. Ich kaufe ihm zwei Kisten Felgen ab, mit der Absicht, eine meiner Mutter mitzubringen. Der Regen dauert fort.

Nach dem Kaffee sind wir mit der Ladung fertig. Wir machen uns eilig seeklar. »Fritz, in den Kettenkasten!« Der Anker wird aufgeholt, die Kette poltert hinunter. Ein paar Algen hängen daran wie nasses, grünes Seidenpapier. Die Kette stoppt. »All klar?« »All klar!« – Weiter geht's durch die Straße von Gibraltar. –

So gut habe ich lange nicht gelebt wie jetzt: Früchte in Hülle und Fülle, Zigaretten und Zigarren. Simon hat sogar – hier eine begehrte Seltenheit – ein Stückchen Wurst irgendwo gekapert. Redlich geteilt ergibt es immerhin pro Mann ein Scheibchen.

Feitag, 6. November
Der Lotse ist an Bord. Wir kommen nach Villareal und gehen dort vor Anker bis Nachmittag. Bumbootmann kommt mit Früchten. Tauschgeschäft.

Kriege für einen ganz alten blauen abgerissenen Anzug ohne Weste 100 Stück Apfelsinen und drei Kisten Feigen. Auch leere Flaschen und anderes wird verwertet. Der Handel blüht und Emil schachert wie ein Jude.

Am Nachmittag hieven wir wieder Anker und dampfen weiter einen Fluss hinunter nach Pomerun. Beide Ufer zeigen grüne Berge. Auf ihren Gipfeln steht hie und da ein einstöckiges weißes Häuschen. Am Abhange des einen grast eine Schafherde. Auf einem steilen Pfade springt ein Esel. Dann kommt zur Abwechslung mal ein Dörfchen mit einem klosterähnlichen Gebäude darin.

Abends 6 Uhr Ankunft in Pomerun. Kleiner Ort mit wenigen, einzeln stehenden Häusern.

Wir haben einen ungeheuern Spaß. Ich lasse mich in Emils Zeugsack stecken und die Matrosen tragen mich ins Heizerlogis, wo sie Paul erklären, dass Emil sich einen Affen gekauft hätte und diesen einstweilen in Pauls Koje unterbringen möchte. Paul ist anfangs empört. »Nein, der Affe muss raus. Der macht mir alles schmutzig.« Schließlich beruhigt er sich aber, streichelt mich sogar, d.h. durch den Sack hindurch, denn aufgemacht wird dieser nicht: der Affe ist noch zu wild. Dunkymann behauptet, nachdem er mich auch befühlt hat, ich hätte ihn beißen wollen und man solle mir doch etwas zum Essen bringen. Darauf stopft mir Paul das ganze Schwarzbrot und eine Apfelsine in den Sack hinein. In der Nach geht es weiter. Schließlich tragen die andern mich wieder hinaus und anscheinend in das Kabelgat hinunter.

Sonnabend, 7. November

Wir streichen heute das Schiff rot an, wozu jetzt, so-
lange es noch ohne Ladung hoch aus dem Wasser
ragt, gute Gelegenheit ist. Gemütliche Unterhal-
tung dabei. Pläne für den morgigen Sonntagsaus-
flug werden besprochen. In der Hitze des Gesprächs
übermale ich die Tiefgangsskala am Achtersteven.
Es ist unglaublich, was wir an Früchten vertilgen.
Heute kommt wieder ein Bumbootmann an Bord.
Er verlangt für 12 Eier eine Mark, gibt sie mir aber
schließlich für meine alte blaue Weste. Miserables
Mittagessen. »So was wirft man den Hunden vor!«
schreit Simon. Simon mag ich übrigens seit einiger
Zeit viel lieber. Merkwürdig, wie man mit den
Ansichten wechselt!
Gestern habe ich ein altes Mixpickles-Glas ausge-
waschen und mir Apfelsinen eingemacht. Auf dem
Heimwege, wenn die frischen Früchte alle gewor-
den sind, soll das trefflich munden.
Zum Abendbrot lasse ich jedem Matrosen ein Spie-
gelei braten. Die übrigen Eier will ich heute Nacht
roh austrinken.

Sonntag, 8. November

Ich höre schlaftrunken, wie der Messraumsteward
die andern weckt, von mir aber sagt, ich brauchte
nicht mit aufzustehen. Die Matrosen wollen näm-
lich heute gegen Extravergütung den roten Strei-
fen außenbords noch fertig machen. Ich ziehe mich
an und frage den zweiten Steuermann, ob ich mir
nicht auch ein paar Überstunden verdienen könnte.

»Nein, aber für sein Schiff tut man das doch auch ohne Geld.«

»Nein, ich nicht.« Und lege mich wieder hin und schlafe bis um 8.

Wenn wir dürfen, wollen wir heute Nachmittag alle an Land.

Heute bin ich nun schon den dritten Sonntag an Bord und vermisse bereits das Kontor gar nicht mehr. Nur abends, wenn ich ganz allein bin, beschleicht mich manchmal eine Art Heimweh. So gestern Nacht. Wir waren alle noch wach. Die andern spielten im Logis Karten, ich las auf meiner Kammer. Plötzlich höre ich Dunkymann und die Heizer »Die Lorelei« anstimmen. Unwillkürlich falle auch ich ein und gleich darauf auch die Matrosen. Alle Türen standen offen und aus den drei Räumen drang der Gesang seltsam ergreifend in die kühle Nachtluft hinaus. Drüben hatten die Matrosen die Karten, hüben ich das Buch beiseite gelegt, und der spanische Zollbeamte hatte sich an die Tür geschlichen und lauschte verwundert auf die ihm fremde Melodie, die ihm vielleicht nicht minder zu Herzen drang als uns ...

Montag, 9. November

O Tagebuch, was muss ich dir anvertrauen. Ich bin angeheitert, nein, sagen wir lieber ehrlich: betrunken gewesen! Doch ich will es ausführlich beichten. Nach dem letzten Stück Sonntagspudding zogen wir zu fünft: Emil, Richard, Simon, Karl der Große und ich unsere besten Kleider an und begaben uns ins Boot. Der Wachtsmann, Schweden-Karl,

setzte uns ans Ufer. An einer trockenen Stelle lie-
ßen wir das Boot auf den Strand laufen und begannen unsere Kletterpartie. Dicht hinter uns landeten die Heizer und Trimmer in einem andern Boote. Sie schlossen sich uns an, eilten aber voraus und waren bald unseren Blicken entschwunden.
Wir klettern über eine ganze Reihe steiler Berge hinweg. Heidelbeerartige Sträucher und uns unbekannte Bäume stehen umher. Dann und wann begegnen wir einem Eingeborenen in engen Hosen, kurzer offener Jacke mit roter Schärpe und breitkrempigem Filzhut. Dann wieder zeigt sich eine Frau, in der Tracht einem katholischen Priester ähnelnd. Vor ihr her traben ein paar bepackte Maulesel, die sich fabelhaft schnell und sicher auf den steinigen, steilen Pfaden bewegen, wo wir selbst nur mühsam vorwärts kommen. Überhaupt fällt uns das ungewohnte Bergsteigen höllisch sauer. Deshalb rasten wir auch hin und wieder. Unser Gespräch dabei dreht sich um Hein, der an Bord geblieben ist, da niemand ihn zum Mitgehen aufgefordert hat. Uns allen ist er seit langem geradezu verhasst durch sein falsches, hinterhaltiges, angeberisches Wesen. So hat er Richard beim zweiten Steuermann verdächtigt. Der aber hat ihm dies als eine Gemeinheit gegen einen Kameraden verwiesen. Das hat mir sehr vom Zweiten gefallen. Ich mag ihn überhaupt viel lieber jetzt. Umso mehr steigt meine Wut gegen den Ersten. Wie ich höre, hat dieser zu Karl dem Großen gesagt, ich wäre ein Schnösel, ein frecher Bengel, mit dem Karl lieber nicht sprechen sollte, der erst etwas ler-

nen müsste u. dgl. Da hat ihm Karl gesagt: »Dem kann ich nichts lernen, der weiß mehr wie Sie und ich zusammen.«

Wir steuern nun auf ein Dorf los, das auf einem Berggipfel sich zeigt. Die kleinen einstöckigen Häuser sind aus den zahlreich umherliegenden Felsstücken roh aufgebaut; ebenso die Mauern, die den Hof um jedes Haus bilden, oder sich längs der Straße hinziehen. Das Ganze macht einen fast mittelalterlichen Eindruck. Ein paar Weinranken klettern an den Häusern empor. Im offenen Vorplatz des einen steht ein Tisch, um den einige bunt gekleidete, schöne, aber reichlich schmutzige Frauenzimmer sitzen. Unter ihnen eine junge Frau, beschäftigt, ihr langes, aufgelöstes, prachtvoll schwarzes Haar zu kämmen. Ein paar rotbraune Schweine wälzen sich nicht weit davon auf der holprigen Straße. Die Weiber schauen uns neugierig an. Ein Schwarm Kinder folgt uns, Tabak bettelnd. Die Männer sind auf dem Felde mit Ackerbau beschäftigt. In einen offenen Hausflur blickend, gewahren wir eine Art Wirtschaft. Auf einem Regal an der Wand sind Strohhüte, Matten, Maultiergeschirre, grellfarbige Tücher, Früchte und Gemüse bunt durcheinander aufgestapelt. Davor steht ein Ladentisch, der ein großes Fass Wein trägt, das von dem Wirt bedient wird. Vor dem Tisch sitzen – unser zweiter Steuermann und zweiter Maschinist, um sie herum die Heizer, Trimmer und Dunkymann. Ich habe als letztes Geld noch 40 Pfennige in meiner Tasche, Karl eine Mark und Richard besitzt auch noch ein Paar Groschen, also gehen wir hinein.

Emil fragt den Zweiten, ob er was zum Besten geben wolle. Dieser lehnt ab; aber der zweite Maschinist lässt jedem ein Glas Wein einschenken. Dann aber drücken sich die Herren Offiziere schleunigst. Paul, der Trimmer, hat unterwegs wieder viel wunderbare Neuigkeiten erfahren. Ein paar Strohhaufen sind ihm als »Negerhütten« und eine alte Baracke als »Palast des portugiesischen Sultans« gezeigt worden. Dann hat ihm Dunkymann »Zigarrenfelder«, »Kamelseier« und das »Kap Horn« unterwegs gewiesen und vieles andere mehr, wodurch Paul noch ganz aufgeregt ist. Wir sind sehr fidel und konsumieren auch noch eine Flasche von dem schweren Rotwein, die 60 Pf. kostet (der Mann nimmt deutsches Geld!). Die Heizer gehen weiter. Die Leute von dem englischen Dampfer, der neben uns liegt, treten auch herein. Wir trinken noch einige Flaschen mit ihnen. Die Heizer kommen zurück, alle mit Rosen in den Knopflöchern. Sie haben sie gegen Tabak eingetauscht und geben uns davon ab. Wir trinken auch mit ihnen noch ein paar Flaschen. Endlich brechen wir auf, werden aber gleich darauf an einer anderen Wirtschaft angehalten und müssen nochmals mittrinken. Der Wein fängt bereits an, mächtig zu wirken. Wir werden alle sehr gesprächig und sprechen schließlich alle auf einmal. Der Heimweg wird angetreten. Ich schwanke stark und stolpere alle Minuten. Die Kinder folgen mir lachend. Ich glaube den ersten Steuermann vor mir zu sehen und schleudere wütend eine leere Flasche, die ich mitgenommen habe, gegen ihn. Emil und Richard suchen mich zu beschwichtigen. Vergeblich! Ich werfe Mütze und Portemonnaie weg, Emil nimmt beides an sich und zieht mir auch mein Messer aus der Scheide, um Unfug zu verhüten. Nun versuche ich auszureißen. Ich rase stolpernd über die Steinfelder; irgendjemand, ich glaube Karl, hinter mir her. Endlich stürze ich hin und pralle mit dem Gesicht auf einen großen Stein. Das Blut fließt reichlich, und ich werde ruhiger. Wir kommen an den Fluss, wo ich mich erst ins Wasser stürzen will, dann aber auf den nassen Strand lege und sofort einschlafe. Richard und Emil wecken mich und tauchen mich zur Ermunterung ins Wasser. Ich höre nur traumhaft noch das Lachen und Summen der andern. Dann muss ich wohl im Boote an Bord gelangt sein. Ich weiß nur noch, dass ich, sowie ich mich an Bord merke, sogleich nach der Kammer des ersten Steuermanns laufe. Ich schlage an seine Tür und rufe: »Komm raus, feiger Schuft. Wir wollen uns hauen!« Der Erste und der Alte haben – wie ich später erfuhr – während dem auf der Brücke gestanden und alles mit angehört. Dann hat mich Karl nach meiner Koje geschleppt. Später soll ich nochmals aufgesprungen sein und der Mannschaft von dem benachbarten englischen Schiff laut zugerufen haben, was für einen guten Kapitän, aber was für einen Strolch von erstem Steuermann wir an Bord hätten. Auch das haben der Alte und der Erste auf der Brücke gehört, aber nichts dazu gesagt. Der Alte soll sogar gelacht haben. Nachts habe ich dann noch wiederholt das getan, was man gewöhnlich bei der Seekrankheit tut. –

Heute, Montag nun, bin ich um 6 aufgestanden. Uns allen brummt der Kopf. An meiner rechten Schläfe ist eine perlmutterfarbene Beule von der Größe eines Straußeneis, meine Hände sind mit Rissen und Schwielen bedeckt. Sonst geht mir's indessen ganz leidlich.

Wir verholen nun die *Alicante* an das Quai heran, und das Laden des Eisenerzes beginnt. Es wird aus den Eisenbahnwaggons, die es bis ans Ufer gebracht haben, direkt in unsre Schiffsräume geschüttet, was natürlich ein donnerndes Gepolter verursacht. Wir sollen 1300 Tonnen von dem schweren Metall hier einnehmen und tun das bis 8 Uhr abends. Ich meinerseits bin übrigens mit anderem beschäftigt, habe fast den ganzen Tag »Messing« zu putzen.

Spät abends wird die Affen-Komödie mit Paul weitergespielt. Ich liege im Kabelgat, in Ölmäntel und wollene Decken gewickelt, und kreische wie ein Affe. Paul wird heruntergeführt und streichelt mich im Dunkeln einige Male. Licht kann der Affe nachts nicht vertragen.

Es ist heute entsetzlich heiß. Zu Mittag war ein deutscher Konditor an Bord gekommen, der den Alten um freie Überfahrt nach Deutschland bat. Abends kommt er wieder und erzählt, dass der Alte ihm gesagt, er dürfe niemand mitnehmen. Der Mann dauert uns, er sieht schrecklich verhungert aus. Wir haben schon abgegessen, aber ich hole ihm noch ein paar warme Pellkartoffeln und einen Hering vom Koch. »O«, sagt er mit leuchtenden Augen, »das ist ja eine seltene Delikatesse!« In dem Moment tritt der Zweite ins Logis und ruft

»Schiff verholen! Der fremde Mann soll gleich von Bord gehen!« Der arme Teufel muss Pellkartoffeln und Hering stehen lassen. Traurig zieht er ab, nachdem ich ihm noch schnell ein paar Stückchen Brot zugesteckt habe.

Ich werde mir jetzt den ganzen Körper mit Apfelsinensaft gegen die Fliegenplage einreiben. Man muss sich helfen, wie man kann.

Dienstag, 10. November

Verlassen um 6 Uhr Pomerun und dampfen den Fluss hinauf. In Villareal nochmals vor Anker. Ich bringe einige Stunden im Kettenkasten zu, wo bei diesem Wetter eine Höllentemperatur herrscht. Wir laden noch ein paar Kisten Ölsardinen. Wie man hört, soll's von hier nach Faro gehen, etwa drei Stunden Fahrt. Das Erz wird auf einen Haufen geschaufelt. Schwere Arbeit. Ich nehme mir ein paar kleine Stücke zum Andenken. Um 3 dampfen wir ab. Trotz der Apfelsinensalbe bin ich von den Fliegen wie ein Sieb durchlöchert.

Abends wird Karte gespielt. Ich öffne nachts mein Glas mit den eingemachten Apfelsinen: sie schmecken gallenbitter, obwohl sie in Zucker schwimmen. Kommt's von den Kernen? Oder weil sie noch unreif waren? Ich will sie später nochmals versuchen.

Mittwoch, 11. November

Wir liegen vor Faro, weitab vom Lande, eine ganze Flotte von Leichtern an unsrer Seite. Wir laden in großer Eile Kork, rohe Platten in Ballen und fertige

Flaschenkorke in Säcken. Um 1 geht's nach Porti-
mao weiter.

Ich arbeite nachmittags mit Simon im Kohlenbun-
ker, einem engen heißen Raume. Ich habe mir, um
besser sehen zu können, eine große viereckige
Laterne mit hinuntergenommen, die mir zweimal
umfällt. Das erste Mal verlöscht sie, beim zweiten
Mal aber ergießt sich das Petroleum über die Koh-
len am Boden und brennt in großer Flamme. Die
Glasscheiben platzen. Jeden Augenblick kann der
Blechballon explodieren. In diesem Augenblick ruft
der Steuermann: »Kaffee!« Simon meint, wir sollten
die Lampe ruhig bis nach dem Kaffee brennen las-
sen, ich ziehe sie aber mittels eines Taues an Deck
und ersticke die Flamme mit meiner Mütze. Obwohl
ich mich dabei selbst stark verbrenne, schimpft
mich der Erste darüber in rohester Weise aus.

Um 5 in Portimao. Wir beginnen gleich mit Laden,
das uns bis nachts 12 in Atem hält. Von hier soll's
direkt nach Lissabon gehen.

Der Zweite hat – wie wir alle bemerken – sich in
letzter Zeit sehr zu seinem Vorteil verändert. Der
Alte zeigt sich, wie immer, wohlwollend. Als ich
heute eine Sturmleiter einhänge, Simon mich
gleichzeitig an die Gei und Karl mich von der Win-
sche aus ruft, fährt der Alte den letzteren an:
»Fritz! Fritz! Fritz! Was soll er nur immer? Sie
sehen doch, dass er schon hier zu tun hat!« Und als
er mich noch spät nachts barfuß Deck waschen
sieht, meint er freundlich: »Ziehen Sie sich doch
Stiefel an in dem kaltem Wasser und der kalten
Luft.« So heiß es nämlich hier am Tage ist, so kalt

ist es in der Nacht. Und heute weht es besonders kräftig. Die Winschen rasseln, die Bäume schwanken hin und her, die Leichter längsseits tanzen bei dem hohen Seegang wie Nussschalen auf und nieder. Unser Schiff dagegen schwankt schwerfällig von einer Seite zur andern. Ein Sonnenbrenner wirft sein wundervoll hellweißes Licht auf dieses Bild. Dazwischen schallt das laute Schreien der Leichterkerle, die ihre Not mit den Böten haben, und Simons monotones »Hiev ob!« und »Fier dal!« Ich wollte, wir wären erst in Hamburg. Meine Schuhe sind nur noch ein Klumpen von spitzen Nägeln, der von ein paar dünnen Lederfetzen zusammengehalten wird und an dem noch ein halber Absatz hängt.

Donnerstag, 12. November
»Wasch Deck«, obgleich wir erst gestern Deck gescheuert haben. Dann »Farbe waschen«, um Mittag herum Lissabon und versalzene Kartoffelsuppe.
Kein Brief von zu Hause an mich da. Wir malen außenbords mit schwarzer Farbe. Ich mit Hein auf einer Stelling, denn kein andrer will mit ihm zusammen arbeiten. Doppeltes Pech heute. Erst fällt mir ein Pinsel ins Wasser, und kaum dass der Zweite mir einen neuen gibt, entrutscht mir auch dieser. Der Erste kommt dazu und schimpft mich furchtbar deshalb aus. »Esel! Halunke!« ruft er, »mit dir möcht ich allein sein, halb tot schlüg ich dich!« »*All right!*« sag ich. »Wir sind jetzt allein. Komm her und hau zu, wenn du ein Kerl bist! Ich zeig dich nicht an.« So fordr' ich ihn ein paar Mal

auf, aber er ist zu feig, sich mit mir zu schlagen, obgleich er vor Wut zittert ... Ich male nun vor der Hand nicht weiter, sondern putze »Messing«.

Freitag, 13. November
Habe den ganzen Tag für mich allein gewaschen, während die anderen außenbords malen. Dabei viel Zeit, über allerlei nachzudenken. Komme in wachsende Erbitterung gegen mein ganzes jetziges Leben, gegen alle Steuerleute, Vorgesetzte, selbst gegen die Kameraden, ja die ganze Seefahrerei. Für immer kann mich dieser Beruf eben nicht befriedigen ...
Dunkymann hat nun Paul über die Affengeschichte aufgeklärt. Paul ist wütend. »Hätt' ich nur gewusst, wer im Sack stak, dann hätt' ich aber drauf geschlagen!« meint er.
Kapitän fährt mit Richard, der eine geschwollene Hand, Blutvergiftung, hat, an Land (zu einem Arzt) und bringt Post mit, darunter auch 2 Karten an mich. Hurra!
Putze »Messing« und habe später Korkballen zu verstauen, die wir aus einem Leichter übernehmen. Schwitze tüchtig dabei, die Ballen sind schwer. Einmal löst sich die Schlinge in der Luft. Der herunterstürzende Ballen stößt mich vor die Brust und schleudert mich ungefähr 3 Meter weit hinweg. Ich komme glücklicherweise auf meine mir angeborene Matratze zu sitzen. »Weh getan?« fragt der Zweite von oben. »Nein. Weiter hiev ob!«
Höre von den Verladern, dass dieser Tage hier ein Erdbeben stattgefunden hat. Kommt hier öfters vor.

Abends gibt uns der Koch ein greuliches Gemisch von Abfällen der Mittagstafel als Abendgericht. Große allgemeine Entrüstung. Alle Mann ziehen nach Achter, um sich zu beschweren. Leider ist der Alte nicht an Bord. Der Erste rät uns, das Essen aufzuheben und morgen dem Alten zu zeigen. Das geschieht. Aber den Koch zu verprügeln, glückt nicht, da uns die Steuerleute daran hindern. Einstweilen erhalten wir wenigstens ein großes Stück Speck.

Meine zwei Postkarten habe ich wohl schon zehnmal gelesen.

Ich bekomme in letzter Zeit sehr oft Nasenbluten. Wohl die Hitze oder das viele Tabakrauchen und Kauen dran schuld.

Sonnabend, 14. November

Der Alte hat das gestrige Abendessen für ungenießbar erklärt und dem Koch einen Rüffel erteilt. Zu Mittag gibt es Stinkfisch und namenlose Suppe. Immerhin muss ich zugestehen, dass die *Alicante* das erste Schiff ist, auf dem ich niemals Hunger gelitten habe.

Entdecke nachmittags, dass unsere Butter, d.h. Margarine, in Petroleum schwimmt. Ich will sehen, dass ich sie noch an einen der Eingeborenen vertauschen kann.

Sonntag, 15. November

Heute sind alle erst spät aufgestanden. Ich gebe einen Brief an die Eltern, den ich gestern Nacht geschrieben, unfrankiert dem Zollbeamten mit; hoffentlich besorgt er ihn richtig. Meine Kammer dient heute als allgemeiner Rasier-Salon.

Wir bekommen früh einige Tausend Sack Kakaobohnen als Ladung, die entsetzlich stinken. Nachmittags hieven wir Anker und verlassen Lissabon.

Ich sitze nach dem (miserablen) Abendbrot bei einer Pfeife Knaster in meiner Kammer und schwelge in Erinnerungen. Der schönen Tage gedenk' ich, die ich mit Eltern und Geschwistern im Thüringer Wald verlebte, dann meiner romantischen Flucht in Zentralamerika von der deutschen Bark, die nun schon lange an der russischen Küste gestrandet liegt, sowie der wunderbaren Nächte in Odessa und Nicolajew, wo wir drei, ein Araber, ein Amerikaner und ich, trotz kalter Winterszeit uns so köstlich amüsierten! Die tolle Zeit in Hull, die Ausflüge mit den Kameraden in Buenos Ayres, das fidele Leben in Hamburg mit den Freunden – alles das taucht wieder im Geiste vor mir auf und erfüllt mich mit nagender Sehnsucht ...

Montag, 16. November
In der Nacht ist meine Lampe durch das Schwanken des Schiffes herabgestürzt. Gut, dass ich sie vorher verlöscht hatte.

Wir bekommen Leixos und Oporto in Sicht und sollen in Letzterem einlaufen. Die Einfahrt zwischen ein paar Felsblöcken und einer riesigen Sandbank ist sehr gefährlich. Der Lotse steht selbst am Ruder, außerdem helfen uns zwei Böte mit je 12 Portugiesen beim Manövrieren. Ein Bumbootmann kommt an Bord und ich lasse mir 60 Stück

Äpfel für die Petroleumsbutter geben. Diese Äpfel teilen wir Matrosen uns redlich.

Oporto ist weniger schön als schmutzig, aber riesig belebt. Zu beiden Seiten des Flusses ziehen sich an den Bergabhängen die Straßen hin. Zweirädrige Karren, von langkörnigen Stieren oder Maultieren gezogen, ziehen vorüber, Frauen und Kinder mit großen Fruchtkörben, Krügen, Bündeln auf dem Kopfe, eilen geschäftig hin und her. Die elektrische Straßenbahn rattert und klingelt durch das Menschengetriebe. Aus einem burgartigen Gebäude auf einer der Anhöhen knattern unausgesetzt Schüsse, die auf dem andern Ufer ein lautes Echo finden. Es ist keine Festung, wie ich erst dachte, sondern ein Vergnügungslokal – wie mir ein an Bord gekommener englischer Bootsmann erklärt.

Emil, Simon und Richard haben sich Geld vom Alten geben lassen und gehen abends an Land. Wie gern ging ich mit – aber die »Moneten« fehlen. Unsern Tabak haben wir abgeben müssen – der Verzollung halber – somit kann ich nicht mal rauchen.

Dienstag, 17. November

Emil, Simon und Richard kommen erst früh um 6 zurück. Erzählen, dass sie sich köstlich amüsiert haben.

Ich muss im Laderaum Nr. 4 alle Säcke in ein Checkbuch eintragen, die aus den Leichtern an Bord gehievt werden. In den Säcken ist Ölkuchen. Außerdem laden wir noch Kisten mit Wein und Zwiebeln, sowie Tierfelle.

Kaum sitzen wir beim Mittagstisch, so schallt schon wieder der Ruf: »Alle Mann an Deck!« Die Ladung ist eingenommen, und es soll weitergehen. Mithilfe des Lotsen und der beiden portugiesischen Böte verlassen wir nun – nachdem der Warpanker aufgeholt worden ist, ein saures Stück Arbeit! – Oporto auf demselben Weg durch die Brandung, auf dem wir hergekommen sind, und befinden uns nun auf der direkten Fahrt nach Hamburg, wohin wir Montag, den 24. gelangen sollen. Natürlich nur bei gutem Wetter. Vor der Hand ist freilich noch steifer Gegenwind, und abends bekommen wir soviel See über, dass die Matrosen von der Brücke statt von der Back Ausguck halten müssen. Das Wasser dringt durch die Schiffswände und sickert durch die Bullaugen. Deshalb alle Hände voll zu tun. »Fritz hier!« »Fritz da!« heißt es beständig.

Die Nächte werden verwünscht kalt, und ich habe nur eine kurze Decke. Na, die paar Tage wird's schon noch gehen. Der Tabak ist uns zurückgegeben worden. Himmel, werde ich jetzt qualmen!

Mittwoch, 18. November (Bußtag)

Wir arbeiten heute nicht, deshalb leg' ich mich nach dem Frühstück nochmals in die Koje und schlafe herrlich.

Habe nochmals die eingemachten Apfelsinen gekostet, sie sind ungenießbar, ich muss sie wegwerfen.

Mittags gibt's mein Lieblingsgericht: Reis mit Curry, das die andern nicht mögen.

Die *Alicante* stampft noch immer, vielleicht vor Ungeduld, nach Hamburg zu kommen, aber wenn's so weiter geht, sind wir Montag noch nicht dort. Ich wasche Zeug.

Dunkymann und Trimmer Karl haben sich in Villareal vom Bumbootsmann Stieglitze gekauft. Sie zwitschern höchst fidel. Ich will Dunkymann fragen, ob er mir seine zwei verkauft oder vertauscht. Das wär so was für meine Schwester.

Der erste Steuermann hat uns sagen lassen, wir sollten unsere Überstunden aufschreiben und ihm die Zettel einreichen. Ich gebe meinen auch ab, bekomme ihn aber zurück. Nun gehe ich vor die Kammer des Ersten und klopfe an: ›Steuermann, wie ist das mit meinen Überstunden? Soll ich die nicht bezahlt bekommen?« »Nein, denn du bekommst keine Heuer. Marsch raus!« brüllt er mich an.

Mich erfüllt eine unbändige Wut gegen den rohen Patron und ich laure nur auf eine Gelegenheit, ihm ein paar herunterzuhauen.

Donnerstag, 19. November
1/2 6 lässt uns der Erste schon Deck waschen, obwohl es noch stark dunkel ist, nur aus Niedertracht. O, meine Wut gegen den Menschen!

Wir malen den ganzen Tag. Das Schiff soll in Hamburg gut aussehen. Vormittags zeigen sich am Steuerbord zwei große Fische, die, ähnlich den Walfischen, hohe Wassersäulen in die Luft spritzen.

Das Essen ist heute Abend seit langer Zeit wieder einmal ordentlich: Frikandellen, Bohnen und aufgebratener Pudding von Mittag.

Morgen früh werden wir wohl in den Kanal kommen.

Freitag, 20. November

Irgendwas, wie ich höre die Pumpe in der Maschine, ist entzwei. Wir lassen sogleich die Feuer ausgehen und um 8 stoppt die Maschine, so dass wir steuerlos auf dem Wasser treiben. Am Stag vor dem Schornstein hissen wir zwei große schwarze Bälle, ein Notsignal, das unsere Lage kennzeichnet und alle anderen Schiffe zwingt, uns auszuweichen. Von solchen sind übrigens, seitdem wir in den Kanal gekommen, viele zu sehen. Der Dunkelheit wegen beginnt die Arbeit bei uns eine Stunde später als sonst.

Den Wind haben wir jetzt von achter. Trübes kaltes Wetter, zeitweise Regen. Gegen Abend hoher Seegang mit kurzem, starkem Wellenschlag, wie er dem Kanal so eigen ist. Die *Alicante* schlenkert wieder stärker. Wir waschen und malen den ganzen Tag. Nach dem Kaffee muss ich ringsum den Aufbau Farbe waschen. Unvorsichtigerweise tue ich das auch auf Luvseite. Ich bemerke gerade durch ein Bullenauge der Kajüte, dass der Obersteward mir deshalb scherzhaft mit der Faust droht. Im selben Augenblicke schlägt eine ungeheure See, ein sogenannter »Brecher«, über die Railing bis hoch über die Brücke hinauf. Ich werde mit solcher Wucht mit der Brust gegen den Aufbau geschleudert, dass mir für einige Augenblicke der Atem ausgeht. Glücklicherweise klammere ich mich noch instinktiv ans Geländer. Das Wasser schlägt krachend über mir zusammen. Ich schnappe nach Luft. Endlich, nachdem die Flut etwas abgelaufen ist, vermag ich mich aufzurichten. Das Wasser rausch noch immer einige Fuß hoch im Gang hin und her. Weit hinten an der Küste treibt mein Wascheimer, meine Mütze ist wohl über Bord gespült. Nun wate ich, durch und durch nass, fröstelnd nach vorn, wo ich mit schadenfrohem Gelächter empfangen werde. Ich ziehe mich gleich um und hänge meine nassen Kleider und Schuhe im Stockraum auf.

Der Tee schmeckt danach zum Abendbrot heute besonders gut. Mithilfe von Holz, Kohlen und einer halben Kanne Petroleum entwickle ich in unserm Ofen eine entzückende Hitze. So schaukelt es sich die Nacht ganz gemütlich.

Sonnabend, 21. November

Das Schiffsreinemachen geht weiter. Meine Schuhe und Strümpfe sind noch total nass, so muss ich barfuß an Deck gehen.

Gegen 2 Uhr mittags taucht hinter uns ein großer Passagierdampfer des Bremer Lloyd auf, der uns bald einholt. Mit diesem zusammen überholen wir einen Dreimast-Dampfschoner von seltsamer Bauart, der die deutsche Reichsflagge im Achtertopp führt. Wir erkennen bald in ihm die *Gauß*, das Polarschiff, das vor mehr als zwei Jahren eine Südpolarexpedition antrat und nun heimkehrt. Was mag es erlebt haben in der Zeit? Und was mag es Neues bringen? – Wir alle blicken neugierig auf das weiße Schiffchen. Der Bremer sowohl als auch wir tauschen einige Signale mit dem merkwürdigen Fahrzeug aus.

Der Lloyddampfer ist bald darauf unseren Blicken entschwunden. Ich habe mir mein Ölzeug zum Arbeiten angezogen, da es riesig kalt ist. Die *Alicante* jumpt und rollt immer toller.

Sonntag, 22. November
Habe die ganze Nacht nicht schlafen können. Der Wind heult laut. Mächtige Brecher schlagen auf Deck. Das Schiff rollt so stark von einer Seite auf die andere, dass die Hängelampe manchmal fast parallel der Decke ist. Dabei scheint der Sturm noch immer im Zunehmen begriffen. Bin froh, dass ich nicht mit ans Ruder muss. Da oben steht man unausgesetzt in eisigem Zug, da wir kein Ruderhaus haben. Als ich vom Koch Frühstück hole, liest er eben die Frikandellen aus dem Kohlenkasten auf, wohin sie der Sturm entführt hat. Für den Koch ist so ein Unwetter überhaupt eine Marter.
Kann ins Tagebuch heute nur mit Bleistift schreiben und auch das nur mit Mühe. Mein schöner Sonntag ist natürlich futsch. Nichts zu unternehmen bei dem Wetter, nicht mal meine Sachen packen, wie ich erst vorhatte.
Morgen sind wir in Hamburg. Da werde ich mich einen Tag mal ordentlich ausschlafen. Heute will mir nicht einmal das Einschlafen gelingen.
Sturm immer toller. Werden wohl erst Dienstag nach Hamburg kommen.
Dunkymann hat im Sturm seine Mütze verloren und geht nun mit einem uralten Zylinderhut herum, was sehr komisch aussieht. Selbst der Alte auf der Brücke lacht drüber.

Montag, 23. November

Sehr spät zu Bette gegangen gestern. Heute den ganzen Tag mit Scheuern zugebracht. Das Schiff geht endlich ruhiger. Um 2 Uhr kommt der Lotse an Bord. Eine Menge Fahrzeuge begegnen uns, darunter drei Dreimaster.

Um 1/2 5 gehen wir in Cuxhaven vor Anker. Der Arzt kommt mit seinen Assistenten. »Alle Mann an Deck!« lautet das Kommando. Wir werden nun der Reihe nach auf unsere Gesundheit hin untersucht. Das Resultat ist befriedigend. Die Quarantäneflagge wird heruntergeholt und der Anker wieder hochgebracht. Ich muss natürlich in den Kettenkasten. Nun geht es die Elbe hinauf. 1/2 11 ungefähr sind wir in Hamburg.

Dienstag, 24. November

Schweden-Karl ruft mir zu: »Wach auf, Fritz! Die Glock ist 6!« Ich stammle schlaftrunken »Jaa«, dusle aber noch mal ein. Dabei hör' ich halb im Traum, aber mit Wohlbehagen ein Gespräch deutscher Schauerleute vor meiner Tür. Ja, es ist das alte liebe Hamburger Platt, das da an mein Ohr schlägt. »Turn to!« tönt es schon wieder. Keiner beeilt sich heute sonderlich. Ich stelle meine nassen Stiefel erst auf die heiße Ofenplatte. Einmal sollen sie doch wenigstens trocken werden, und wenn sie dabei in tausend Stücke springen. Wie ich dann in ihnen an Deck gehe, kann ich mich kaum auf den heißen Sohlen halten.

Natürlich regnet es hier in Hamburg wieder. Aber allen schmeckt heute das Frühstück, was uns indessen nicht abhält, den mit uns frühstückenden Schauerleuten den Koch als ein wahres Scheusal zu schildern.

Abmustern wollen außer mir Hein, 2 Heizer, 1 Trimmer und der zweite Steuermann.

Um 8 ruft mir der Erste zu, dass ich nicht mehr zu arbeiten brauchte. Der Obersteward kommt nach vorn und ruft: »Matrose Heiter zum Alten kommen!« Ich gehe zum Alten in der Erwartung, meine Überstunden bezahlt zu kriegen. Statt dessen empfängt mich ein Kriminalbeamter und händigt mir eine Strafverfügung ein über drei Mark wegen Nichtabmeldens auf der Polizei, zahlbar in acht Tagen.

Das ist mein Willkommensgruß in Hamburg.

Ich packe meine Sachen, sage dem Kapitän und den Kameraden Lebewohl, besonders herzlich dem gutmütigen Richard und dem tüchtigen Emil, und verlasse das Schiff.

Die Reise ist aus. Gehab' dich wohl, Tagebuch.

KRANK SEIN ALS SEEMANN

—

Nicht seekrank. – Zufällig bin ich niemals seekrank gewesen. Ich habe über die Seekranken gelacht und mich an dem oft rohen Schabernack beteiligt, den Matrosen mit ihren sich solcherweise ganz ergebenden, lebensmüden Kameraden treiben. Ich kann auch heute noch darüber lächeln. Nicht schadenfroh. Die Seekrankheit endet spätestens an Land, und niemand stirbt daran. Manchmal tut den Menschen ein kleiner Dämpfer wohl.

Krank sein als Seemann. Die Segelschiffe, auf denen ich zur See fuhr, hatten keinen Arzt an Bord. Höchstens eine Apotheke. Die bestand aus einem Kasten, den der Kapitän wichtig versteckte. Der Kasten enthielt Mullbinden und Rizinusöl. Außerdem kleine Flaschen mit Flüssigkeiten. Was davon ein wenig nach Alkohol roch oder sonst wie leckerig anmutete, trank ich heimlich aus; als Leichtmatrose auf dem russischen Schoner *Emma*. Ein lettischer Matrose überraschte mich dabei. Dem schenkte ich als Schmiergeld das Rizinusöl. Damit schmierte er dann wiederum seine Seestiefel.

Was hatten wir denn für Krankheiten? Die raue Arbeit in Salzluft unter freiem Himmel macht zäh und widerstandsfähig. Ein Schnupfen lief sich aus. Ein Husten bellte sich aus. Und das perlmutterfarbene Auge nach einer Schlägerei heilte die Zeit. Wir litten unter Wanzen, man rieb sich mit Petroleum ein. Auch gegen Halsschmerzen wandten wir Petroleum an, das wir mit Zucker tranken.

Zahnschmerzen – ja, pfui Teufel! Man griff zu grotesken Instrumenten. Jedermann nach seiner Art, sein eigener Doktor Eisenbart. War mir etwas ins Auge geflogen, so holte Sitty Smile, der Araber, es mit dem Schüreisen heraus. Sehr geschickt. Ich kann nicht sagen, warum gerade mit dem Schüreisen. Vielleicht konnten seine schwieligen Hände das besser packen. Gefährlicher waren die Operationen mit unseren Taschenmessern. Zum Beispiel: wenn einer eine Schweinsbeule – ein Karbunkel – bekam. Die Wunden wuschen wir mit grüner Seife aus.

Möglicherweise hatten wir manchmal Krankheiten, ohne es zu wissen. Krankheiten, die wir gar nicht kannten. Als Deserteur in Westindien ließ ich mich einmal nackt von der Tropensonne braten und sprang dann ins Wasser und legte mich wieder in die Sonne. Das trieb ich so abwechselnd einen ganzen faulen Tag lang. Und dann wunderte ich mich, dass ich die folgenden fünf Tage so ganz ernergielos und freudlos war. Mag es nicht sein, dass ich ein böses Fieber hatte?

Auf weiten Segelschiffreisen drohen mannigfaltige Gefahren. Das Trinkwasser ging aus oder in Fäulnis über. Das Pökelfleisch verdarb in der Hitze. Ich weiß von schrecklichen Skorbutepedemien. Die Kauffahrtei brachte uns nach berüchtigten verseuchten Häfen. Auch durch gewisse Schiffsladungen wurden Krankheiten eingeschleppt oder verursacht. Schiffsladungen bargen noch andere Gefahren, Gas, Brand usw. In dem splitterigen Farbholz, das wir in Honduras luden, wimmelte es von Skorpionen und Giftschlangen. Auch eine Tarantel fand ich.

Die Quarantäne holte viele Leute von Bord als pest-
verdächtig, geschlechtskrank oder sonstwie ge-
meingefährlich.

Ich bin auch auf Dampfern gefahren. Die führten
meist einen Sanitätsgast an Bord, größere Dampfer
schon einen Arzt. Man war da auch gewöhnlich
nicht so lange unterwegs. Wenn ein Heizer vom
Fieber befallen wurde, dann machte er nicht viel
Wesens daraus. Wir anderen hätten ihn ausgelacht.
In dunkler Nacht ging ich über das Eisendeck.
Jemand hatte vergessen, den Deckel über ein Lüf-
tungsloch zu stülpen. Auf einmal – zack! – ver-
schluckte mich das Loch. Ich stürzte in die Tiefe
des Laderaumes. Ein eiserner Balken fing mich
laut auf. Als ich nach unbestimmbarer Zeit wieder
zu Bewusstsein kam, kroch ich ganz still in meine
Koje, erzählte den anderen nichts von meinem Mal-
heur. Sie hätten mich als dummen Tölpel verspot-
tet. Zwei Mal ist mir dieser Fall ganz ähnlich pas-
siert. Ob ich dann hinterher Schmerzen empfunden
habe, weiß ich nicht. So jung leichtsinnig war ich
damals, so glücklich, gesund und zähe waren wir.

Wie oft geschah es, dass einer von einer Welle er-
wischt und gegen ein eisernes Schott geschleudert
wurde. Halb schamhaft lustig erzählte es der Durch-
nässte dann im Matrosenlogis. Beulen, Schrammen,
Narben hatten wir alle auf unserer krokodilsleder-
nen Haut.

Es trugen sich ernstere Geschichten zu. Vom Sturm
gebrochen stürzte eine Raa herab, zersplitterte ein
Mast. Die See spülte einen Mann über Bord. Es
sprang auch einer ins Meer, der verrückt geworden

war oder sich verrückt gesoffen hatte. Ganz abgesehen davon, dass natürlich auch hin und wieder einmal jemand eines natürlichen Todes starb. Das in Liedern so oft besungene Seemannsbegräbnis habe ich nie erlebt.

Das Leben und Hantieren zwischen so viel Maschinen in der Enge auf dem schaukelnden Schiff musste allerlei Unglücksfälle mit sich bringen. Auf den ganz großen Schnelldampfern und auf den Kriegsschiffen, die viel mehr Menschen tragen und eine viel fantastischere Maschinenverwirrung aufweisen, würde es noch gefährlicher zugehen, wenn dort nicht der Schutz-, Hilfs- und Rettungsdienst sowie das Sanitätswesen entsprechend organisiert wären. Hygienische Räume, modernste Apparate und Medikamente. Ärzte, Assistenten und Sanitätspersonal in einer täglich geübten Disziplin trainiert. Ich habe 1904/05 als Einjähriger Matrose gedient. Nur selten lag ich damals im Schiffslazarett. Dann auch nur wegen irgendeines geringfügigen Anlasses, etwa einer gequetschten Zehe. Das war damals im Lazarett wie Sommerfrische. Die Drückeberger, die nur aus Arbeitsscheu dort sich krank meldeten, wurden allerdings herzlich rau untersucht und entlassen.

An Bord der *S.M.S. Nymphe*. Wir sitzen beim Zeugflicken an Deck. Plötzlich Pfeifensignale, Rufsignale: »Klar zum Gefecht.«

Tausend Menschen rennen nicht, nein, sie spritzen durcheinander. Geländer werden abgerissen, alle überflüssigen splittergefährlichen Gegenstände geborgen, Geschütze fertiggemacht – Munition befördert. Tausende Menschen, und jeder hat eine besondere Funktion. In drei Minuten gefechtsklar. Die Schlacht beginnt. »Granaten in Richtung auf das Torpedoboot ...!« Es war nur Übung. Auf einmal springt der Kommandant auf meine Gruppe zu, tippt den Matrosen an und jenen und mich und den. »Ihr seid verwundet!« Sofort werfen wir Angetippten uns aufs Deck und beginnen zu brüllen und zu schreien. Vor Schmerzen. Brüllen und schreien, so laut wir können, mit voller Lust und Hingabe. Nur Übung. Im Nu sind die Sanitäter zur Stelle, werden wir auf Bahren gelegt, in Tragpolster geschnallt, hochgewunden, unter Deck gezaubert, auf saubere Betten oder Operationstische. Das Lazarettpersonal mit bereitgehaltenen Instrumenten lächelt. – Damals nur Übung. – – –

Krank sein auf See.

Heimwehkrank, liebeskrank wurden wir alle gelegentlich. Selten gab es einer zu. Aber wenn ich zur Schlafzeit mit dreiviertel geschlossenen Augen in meiner Hängematte lag und sah dem Königsberger zu, wie er, auf dem Bauch liegend, so schwierig und schnaufend einen Brief schrieb; oder wenn ich den Stuttgarter Heizer plötzlich tief seufzen und den Seufzer dann männlich verfälschen hörte – dann wusste ich: da bohrte eine Sehnsucht, nur heilbar nach gegebenen Seemeilen und Kilometern.

SEEGEDICHTE

—

DIE SCHIFFBRÜCHIGEN

»Peter, seht Ihr kein Licht?
Winkt uns kein Land?
Gebt Eure Hand.
Das Leben ist Dreck und Tand,
Und Gott verdamme mich diese Nacht!!
Hört Ihr, wie er lacht? - -
Seht - er verfolgt unser Boot,
Aber was ist daran gelegen.
Springen wir ihm entgegen -
Ich meine - dem Tod. - -«

»Steuermann, Ihr sprecht wie ein Kind.
Tut Eure Pflicht.
Wir fürchten uns nicht
Vor Wasser und Wind.
Gebt Eure Hand.
Wir suchen das Land,
Und zeigt es sich nicht
Und steuern wir ins Verderben - - -
Steuermann - - -
Nun dann - - - -«

»Schwatzt nicht vom Sterben -
Ich sehe ein Licht!!«

WEIHNACHT ZUR SEE

Weihnacht war es auf tosender See.
Haushohe Wellen an Luv und an Lee.
Am Ruder stand Jürgens Claus;
Sah bald auf den Kompass und bald voraus.
Die eisernen Speichen lenkte er fest
Und führte verwegen
Durch Sturm und Regen
Das ächzende Schiff nach West-Nord-West.
Wuchtige Seen mit schäumender Gischt
Fegten das Deck,
Doch er wich nicht vom Fleck,
Er rührte sich nicht,
Ob auch vom Südwester übers Gesicht,
Ob von der Stirn in den struppigen Bart
Das salzige, eisige Wasser ihm rann. –
So etwas bleibt keinem Seemann erspart.
Jürgens Claus stand seinen Mann. – –
West-Nord-West lag an.
Und er sah auf den Kompass, vom Wetter umtost,
Wehrte behende dem tückischen Schwanken
Der kleinen Nadel. Doch in Gedanken
Flog er gen Ost-Süd-Ost;
Flog in ein fernes Fischerhaus.
Dort war er daheim, Jürgens Claus.
Es war ein armer,
Doch traulich warmer
Und freundlicher Raum.
Die Kuckucksuhr war eben verklungen.
Still malte der Feuerschein an den Wänden.
Im Lehnstuhl unter dem Weihnachtsbaum

Saß Mutter und hielt wie im Traum
In ihren alten, zitternden Händen
Den letzten Brief von ihrem Jungen, –
Er wusste, er war ja ihr einziges Glück. – –

»Was ist der Kurs?« erklang es von oben.
»Recht West-Nord-West!« gab Claus zurück.
Die eisernen Speichen lenkte er fest
Und führte voll Kraft und kühnem Mut
Das ächzende Schiff gen West-Nord-West.
Claus Jürgens stand seinen Mann.
War es wohl salzige Meeresflut,
Was heiß ihm über die Wangen rann?

FLASCHENPOST

Sie kämpften vergebens. Der Tod, er winkt.
Das Schiff geborsten. Es sinkt – es sinkt
Hinab in die Tiefe, und schaurig klingt
Der Mannschaft Fluchen und Weinen.
Nur der Schiffer steht ruhig im wilden Orkan.
Er weiß, er hat seine Pflicht getan.
Noch ein scharfer Befehl, dann schließt er sich ein.
Eine Flasche leert er vom köstlichsten Wein
Auf Glück und Segen der Seinen.
Es gurgelt im Schiffsraum. Zur Eile 's ihn treibt.
Er greift nach Tinte und Feder.
Des Schiffes Schicksal und Grüße schreibt
Er an Weib und Kind und den Reeder.
Und die letzte Botschaft nach Seemannsbrauch
Vertraut er der Flasche gläsernem Bauch,
Versiegelt den Hals, dann seufzt er schwer,
Und über die Reling ins brausende Meer
Wirft er das Glas mit dem Briefe.
– – Ein Schiff ruht mehr in der Tiefe. –

Am fernen Strande im Sonnenschein,
Da spielen zwei Kinder mit Muschel und Stein.
Auch ihnen im Herzen die Sonne scheint;
Sie wissen ja nicht, dass die Mutter jetzt weint
Um den Mann, der lang nicht geschrieben,
Vielleicht – auf dem Meere geblieben.
Eine Flasche treibt auf dem Wellenspiegel
Und bietet den Kleinen ein prächtiges Ziel.

Hei, wie in der Sonne sie blinket.
Und hurtig von linkischer Kinderhand
Wird Stein auf Stein nach der Flasche gesandt.
Wie strahlt vor Freude das Kindergesicht,
Als endlich das gläserne Schiff zerbricht
Und jäh im Wasser versinket. - -

Das Meer birgt schweigend am Grunde
Voll Mitleid die traurige Kunde.

MANILA

Als ein altes Tau durch derbe,
Doch verständniswarme Hände glitt,
Sagte eine Stimme: »Bob, ich sterbe,
Ehe Land in Sicht. Und du stirbst mit.«

Noch bevor die Stimme Antwort kriegte,
Kämpften sie: Vollschiff gegen Orkan.
Hatten oft gekämpft, bis eines siegte.
Und das andre war dann abgetan.

Nur ein Treibstück wurde aufgefunden.
Daran hingen kalt, ersoffen, blau
Zwei alte Matrosen, angebunden
Mit einem alten Tau.

MEINE ALTE SCHIFFSUHR

In meinem Zimmer hängt eine runde,
Alte, achteckige Segelschiffsuhr.
Sie schlägt weder Glasen noch Stunde.
Sie schlägt, wie sie will, und auch nur,

Wann sie will. Die Uhrmacher gaben
Sie alle ratlos mir zurück;
Sie wollten mit solchem Teufelsstück
Gar nichts zu tun haben.

Und gehe sie, wie sie wolle,
Ich freue mich, weil sie noch lebt.
Nur schade, dass nie eine tolle
Dünung sie senkt oder hebt

Oder schüttert. Nein, sie hängt sicher
Geborgen. Doch in ihr kreist
Ein ruhelos wunderlicher
Freibeuter- Klabautergeist.

Nachts, wenn ich still vor ihr hocke,
Dann höre ich mehr als Ticktack.
Dann klingt was wie Nebelglocke
Und ferner Hundswachenschnack.

Und manche Zeit versäume
Ich vor der spukenden, unkenden Uhr,
Indem ich davon träume,
Wie ich mit ihr nach Westindien fuhr.

EIN EHEMALIGER MATROSE FLIEGT

Ich bin einst in Seemannsjahren
Oft elbauf, elbab gefahren.
Auf der Seite, wo wir dann Stadt Altona
Sichteten, stand ich an Deck und sah.

Sah ein Haus. Vom Schornsteinruß geschminkt,
Kiekt es lustig nach der Elbe hin.
Und ich wusste: Meta wohnt darin.
Wenn ich dort vorbeigefahren bin,
Hat sie mir und hab ich ihr gewinkt,
Ein Signal »Ich liebe dich«.
Und ich sah sie, und sie sah auch mich.

Heute flog ich über das vertraute
Altona. Hab nicht das Haus entdeckt.
Doch ich hab die Hand hinausgestreckt,
Hab gewinkt, wie ich es einst getan.
Und ich wusste: Meta schaute,
Winkte auf nach meinem Wolkenkahn
Oder wie sie's nennen, »Aeroplan«.

Wenn man sich auch sonst von nah,
Teufel eins, viel lieber sah,
Dacht ich doch verliebt und bang
Oben dort im Wolkenhang:

Wenn ich jetzt hinunterstürze,
Fängt mich Meta in der Schürze
Auf.

SEGELSCHIFFE

Sie haben das mächtige Meer unterm Bauch
Und über sich Wolken und Sterne.
Sie lassen sich fahren vom himmlischen Hauch
Mit Herrenblick in die Ferne.

Sie schaukeln kokett in des Schicksals Hand
Wie trunkene Schmetterlinge.
Aber sie tragen von Land zu Land
Fürsorglich wertvolle Dinge.

Wie das im Winde liegt und sich wiegt,
Tauwebüberspannt durch die Wogen,
Da ist eine Kunst, die friedlich siegt,
Und ihr Fleiß ist nicht verlogen.

Es rauscht wie Freiheit. Es riecht wie Welt. –
Natur gewordene Planken
Sind Segelschiffe. – Ihr Anblick erhellt
Und weitet unsre Gedanken.

SEEFAHRT

Wie viele Gedanken begleiten,
Erwartend die Schiffe, hin, her von Land!

Manchmal gleichen auf See die Zeiten
Dachzimmerchen ohne Wand.

Wenn Schiffe verschollen geblieben,
Untergegangen sind,
Fragt niemand mehr:
    Welcher Wunsch, welcher Wind
Hat das Schiff in die Ferne getrieben?

Was ist's, was die Schiffe meistert,
Durch die Möglichkeiten sie leitet?
Der Mut, der den Weltblick begeistert,
Rauleben, das Kleinblicke weitet.

Mit Ehrlichkeit durch Gefahr. –

Vielleicht ist das morgen nicht mehr.
Doch Seefahrt, wie vordem sie war,
War wunderbar.
Roch nach Gewürzen und Teer.

SCHIFF 1931

Wir haben keinen günstigen Wind.
Indem wir die Richtung verlieren,
Wissen wir doch, wo wir sind.
Aber wir frieren.

Und die darüber erhaben sind,
Die sollten nicht allzuviel lachen.
Denn sie werden nicht lachen, wenn sie blind
Eines Morgens erwachen.

Das Schiff, auf dem ich heute bin,
Treibt jetzt in die uferlose,
In die offene See. – Fragt ihr: »Wohin?«
Ich bin nur ein Matrose.

SEGLER

Weiße oder braune
Flügel führen schaukelndes Holz
Leise durchs Wasser fort:
Fischer? Lustfahrten nach Laune?
Oder Sport?

Aus dem Hafen lässt sich stolz
Ein stattliches Vollschiff leiten,
Um draußen vom Klüver bis zum Besan
Schweres Tuch auszubreiten
Und selbständig dann durch den Ozean
Zu gleiten.

Es schwankt eine kleine Stadt im Sturm
Unterm Befehl vom Kommandoturm. –
Schaumwirbelnde Wellen springen
Um ihre Mauern. – Die See wird wild
Und wieder mild. – Es wechselt das Bild
Immer neu. –
Die Matrosen singen
Und ziehen an Tauen Hand über Hand
Und bringen Schätze von Land zu Land.
Ahoi!

Durchnässte Kleider. – Vereister Bart. –
Viel Arbeit und Wache um Wache. –
Ein harter Beruf in der Segelschiffahrt!
Doch es ist eine ehrliche Sache,
Und eine schöne, wenn Meer und Wind
Den Seglern gnädig sind.

DER UNTERGANG DER »JEANETTE«

Im Norden, fern der Heimat, dringt gedämpft
Gebet empor vom Borde der »Jeanette«,
Die mit den Massen Eises furchtbar kämpft,
Dass sie sich aus des Todes Armen rette.

Und berstend kracht das Eis, die Schollen tosen
Und schlagen wütend an des Schiffes Planken:
Todmüd vom Kampfe knien die Matrosen,
Weit in der Heimat weilen die Gedanken.

Und immer stärker presst das Eis im Grimme,
Als wollt's sein Opfer unentrinnbar fassen ...

Da tönt des Kapitäns Kommandostimme:
»Die Boote los! All' Mann das Schiff verlassen!«

Wie stehen die rauen Männer nun so traurig
Und weinen um des Schiffes Untergang ...
Hoch in den Masten heult der Wind so schaurig,
Dem treuen Fahrzeug ist's der Grabgesang ...

Das sie so lange trug, es ruht da unten!
Das war des stolzen Schiffes letzte Reise ...
Dahin! – Indessen ist der Tag entschwunden,
Tief purpurn malt das Nordlicht auf dem Eise.

GESPRÄCH IM STURM AUF DER RAA

Pschsch – – – bumms – bäx!
Noch solchen Brecher, dann saufen
Wir ab.
Dann singt der Pastor – pschsch – – – bumms –
  »Wellengrab«.
Pitt! Ob du, wenn wir noch diesmal lebendig
  einlaufen,
Ob du Bengel dann wohl jemals wieder zur See fährst?
Ja, wenn du wie ich zehn Jahre auf Walfischern
  gondelt wärst!
Aber ich sag dir was. – Reich mal den Marlspieker,
  Pitt! –
Wenn ik versuppe: Ich nehme ein großes
  Wundergeheimnis mit.
Ich habe ein Javaweib gekannt, – Pitt hör man tau! –
Ich will, wenn ich löge, jetzt abstürzen und absacken,
Die hatte acht Titten. Bei Gott, genau as'n Sau,
Oder wie beim Kommiss die Knöpfe an die Parade-
  jacken. –
Pschsch – Halt dich fest – bumms – – – Verfluchter
  Beschiss!
Mach einer hier oben bei solcher See einen Spliss.
Also dies Weib – – Wie? Was? Ich verstehe kein Wort. –
Wenn man die an die backbordschen Titten riss – –
Bumms – Fokyourself! – Pitt! Pitt! – Armer Kerl!
  Er ist fort.
Hallo an Deck! Schickt einen Mann auf die Raa.
Den Pitt hat's erwischt. Ich bin noch da.

DIE KARTENLEGERIN

Das Schiff war schon im Hafen leck.
Man besserte an dem Schaden.
Das Schiff hatte Fässer geladen
Und Passagiere im Zwischendeck.

Mittags stieg eine Negerin
In das Matrosenlogis.
Sie wäre Kartenlegerin,
Bedeutete sie.

»Two shillings« – oder ein Kleidungsstück,
Sie zeigte auf wollene Sachen.
So eine weiß manchmal, wie man sein Glück
Kann machen.

Sie redeten voreinander dumm,
Gaben der Alten zu saufen,
Drückten ihr lachend am Busen herum
Und ließen sie dann laufen.

Nachts hockte die alte, schwarze Kuh
An Deck zwischen Fässern und Tauen.
Vor ihr lag Kuttel Daddeldu
Dienstmüde und dachte an Frauen.

Da legte die Kartenlegerin
Die Karten, die ihn betrafen,
An Deck und murmelte vor sich hin.
Kuttel war eingeschlafen.

Sie murmelte Worte in den Wind.
Das Schiff fing an zu rollen.
Das Schiff und die Menschen darauf sind
Verschollen.

STÖRTEBEKERLIED

Seeräuber und Kameraden,
Wenn meine Augen richtig sind,
Hat die Bark voraus auch Fässer geladen. –
Auf, ihr Hurenboys! An die Brassen!
Royal hoch! Alle Lappen noch härter an den Wind.
Denn die Hunde wittern Blut,
Denn sie segeln gut,
Das muss der Teufel ihnen lassen.

Hei! Holt die hollandsche nieder
Und hisst die Flagge rot – rot – rot!
Und singt recht schweinische Lieder
Vielleicht ist einer von uns morgen tot.
Denn sie haben eine Kanone an Bord
Und ein halbes Dutzend Soldaten
Mit Blei und mit Dünnschiss geladen.
Wir aber sind kühne Piraten
Und fürchten nicht Tod noch Mord.
Wir sind weder fromm – aber frei.

Was mag in dem Schiffe wohl sonst noch sein?
Kakerlaken oder Seife oder Gold oder Wein? –
Nun signalisieret: »Dreht bei!«

Und ich, euer Captain, rufe: Enterhaken klar!
Und kämmt den Krämern das ölige Haar.
Nur merkt euch: Die Leute alle über dreißig Jahr
Sollen leben bleiben. Leben bleiben –
Nun hofft, wie es kommt, und glaubt, wie es war.
Und fragt nicht, wie lang wir's noch treiben.

Liebe mit mir verfluchte Halunken,
Was soll denn mit den
Unter dreißig geschehn?
Die machen wir mit Braunteer betrunken.
Aber wer uns gefällt,
Weil er's ehrlich mit uns hält,
Dem sei das Leben geschunken.
Den andern aber sagen wir: Amerika ist nah.
Und knüpfen sie sauber an die Obermarsraa.

Old sailors! Likedelers!
Kommt selber und schaut:
Sie haben ein Weibstück an Bord. Unsre Braut,
Sie soll leben! Unsre Braut, sie soll leben!
Und ich werde sie weitergeben,
Bis zuletzt sie der Schiffsjunge nimmt.
Der soll dann mit Eisenstücken
Und Ankerketten sie schmücken
Und sehen, wie weit sie damit schwimmt.

SIEBEN LIEDER EINER HEIMFAHRT

I.
Das Lied von der Hochseekuh
(Chanty zum Tauziehen)

Zwölf Tonnen wiegt die Hochseekuh.
Sie lebt am Meeresgrunde.
Ohei! – – Uha!
Sie ist so dumm wie ich und du
Und läuft zehn Knoten in der Stunde.
Ohei! – – Uha!

Sie taucht auch manchmal aus dem Meer
Und wedelt mit dem Schweife.
Ohei! – – Uha!
Und dann bedeckt sich rings umher
Das Meer mit Schaum von Seife.
Ohei! – – Uha!

Die Kuh hat einen Sonnenstich
Und riecht nach Zimt und Nelken.
Ohei ! – – Uha !
Und unter Wasser kann sie sich
Mit ihren Hufen melken.
Ohei! – – Uha!

II.
Duett des Schiffsjungen mit einem Passagier

Junge: Ach Faulsein ist schön!
Und schön ist die Ruhe!
Und Nichtstun ist schön!
(Nach den Füßen des Passagiers schielend)
Und schön sind schöne Schuhe!

Passagier: Ja Faulsein ist schön!
Und Schlaf tut so gut.
Und schön ist die Stille! *(Lächelt dem Jungen zu)*
Und schön ist ein schöner Hut!

Junge: Und schön ist der Himmel –
Passagier: Eine Reise unterm Wind!
Junge: Und schön sind die Blumen!
Passagier: Und schön ist ein Kind!
(Lächelt dem Jungen zu)
Wie Sie es sind!

Junge: Und schön ist Musik.
Passagier: Auch ein Bild kann es sein,
Ein Gedicht kann es sein.
Junge: Und schön ist eine Rosskastanie –
(Passagier lächelt)
Passagier: Oder ein glatter Stein.

Beide: Ja Faulsein ist schön!
Passagier: Und schön ist Paris!
Und schön sind zwei Freunde.
Junge: Und schön ist das Paradies!

III.
Daddeldu verprügelt den Schiffsjungen

Wenn du siehst, dass jemand ins Wasser fällt,
Dann springst du sofort hinterher.
Denn man weiß nie bestimmt,
Ob er sackt oder schwimmt,
Und die nassen Kleider sind schwer.

Wenn du erst dich besinnst, was du selber riskierst,
Dann ist das eine Hundeschweinerei!
Denn, wenn du wirklich dein Leben verlierst,
Was wäre dann schon Schlimmes dabei?!

Wenn aber der Jemand ertrinkt – und, wie hier
Es beinahe geschah, eine Frau –,
Dann verdienst du, dass ich die Leiche dir
Rechts und links um die Ohrflossen hau.

IV.
Klage einer unbeliebten Passagierin

Ich weiß gar nicht, wie ihr seid
Und was euch von mir zieht.
Was tat ich euch denn zuleid,
Dass ihr, ihr alle mich flieht.

Daheim ist nicht Wärme noch Trost.
Der Wasserhahn schließt nicht und tropft,
Tropft, tropft. Und mein Herze klopft, klopft.
Denn mein Mann ist darüber erbost.

Der Peter, mein einziges Kind,
Ist fremd mir. – Mag keiner mich leiden.
Gott weiß, warum sie mich meiden.
Ich verstehe nicht, wie sie sind.

Will keiner mich lieben noch hassen.
Und spüren doch alle mein Weh.
Sie retteten mich aus der See.
Wie bin ich nun hier so verlassen.

V.
Land in Sicht
(Matrosensang)

Kameraden, vorbei ist das Fasten,
Ich sehe den Leuchtturm durchs Glas.
Schon flattern um unsere Masten
Die Möwen. Im Wasser schwimmt Gras.

Schon steigen die Türme vom Hafen
Wie Kräuterkäse grün aus dem Grau
Old sailorboys, heute Nacht schlafen
Wir alle an Land bei der Frau.

Vielleicht noch tanzen wir heute
Und saufen, soviel uns behagt.
Wir haben als Fahrensleute
Solang dem Vergnügen entsagt.

Hei ho! Macht euch sauber, Matrosen!
Bald tritt auf den Kampfplatz der Stier.
Die besten Hemden und Hosen
Warten steif auf die Mädchen auf dem Pier.

Schon seh' ich die Tücher sie schwenken.
Denn jeder von uns ist ein Held
Und naht sich mit Auslandsgeschenken.
Hei ho! Heut' abend rollt Geld!

VI.
An Land, die Whiskyberauschten

Wir sind betrunken wie die Wellen
Im Stillen Ozean.
Das hat uns armen Gesellen
Der Whisky angetan.

Wir glotzen stur in das Leben
Wie ein gekochter Fisch.
Wenn wir uns jetzt erheben,
Liegen wir unter dem Tisch.

So bleiben wir besser noch sitzen
Und trinken immer noch mehr.
Und unsere Nasen schwitzen
Sehr.

Wir wollen alle alle nur noch lallen
Und brüllen wie ein Rind.
Dass wir den Leuten gefallen,
Die nüchtern sind.

VII.
Abschied der Seeleute

Chor der Seeleute:
Wir Fahrensleute
Lieben die See.
Die Seemannsbräute
Gelten für heute,
Sind nur für to-day.

Die Mädchen, die weinen,
Sind schwach auf den Beinen.
Was schert uns ihr Weh!
Das Weh, ach das legt sich.
Unsre Heimat bewegt sich
Und trägt uns in See,
Far-away.

Chor der Mädchen:
Wir, die Bräute
Der Fahrensleute,
Lieben und küssen,
Doch wissen, sie müssen
Zur Seefahrt zurück.

Und wenn sie ertrinken,
Dann – wissen wir – winken
Uns andre zum Glück.

EHEMALIGER SEEMANN

Gestern hab' ich mitten zwischen Witzen,
Unter trunknen Weibern, geilen Fritzen
Allen Einklang plötzlich durchgebrochen
Und – es gab sich so – gut über Gott gesprochen.
Heute stach die Post in unsre Not,
Brachte mehr Geld, als ich sehr sehr brauchte.
Unser Schornstein rauchte,
Und der Bäcker neigte sich devot.
Wurst und Butter hüpften frech aufs Brot.
Alles war mit Dankbarkeit getrüffelt.
Abends zechten wir im Freien.

Wäre – als wir singend, uns umschlingend,
    angesüffelt
Nachts heimkehrten – hinter uns, uns zweien,
Ein derzeit Bedrückter hergeschlichen,
Hätte sein und unser Los verglichen
Und gedacht, wie reich und hart wir seien – – –

Ach, ich möchte einmal wieder
Als Matrose im Atlantik kreuzen,
Um mein Herz und meine Lieder
In die wilden Wetter auszuschneuzen.

DADDELDU AHOI

Fahrt mit Daddeldu!
Rumba

Daddeldu ahoi!
Lass uns eine Reise machen,
Segeln, dass die Balken krachen,
Komm old sailor boy,
Ho – ruck!
Nur ein kurzer Pfiff,
Und schon saust das Schiff
Durch die Meere – in tollem Lauf.
Nur ein kurzer Pfiff,
Und schon saust das Schiff
In den Himmel hinauf.

Daddeldu ahoi!
Lass uns einen Cocktail mixen,
Dass die Nixen trunken knixen,
Komm old sailor boy,
Ho – ruck!
Nur ein kurzer Pfiff,
Und schon saust das Schiff
Durch die Meere – in tollem Lauf.
Nur ein kurzer Pfiff,
Und schon saust das Schiff
In den Himmel hinauf.

Daddeldu ahoi!
Fahr uns lose Schwefelbande
Mit Musik von Land zu Lande,
Denn wir sind dir treu.

Ho – ruck!
Nur ein kurzer Pfiff,
Und schon saust das Schiff
Durch die Meere – in tollem Lauf.
Nur ein kurzer Pfiff,
Und schon saust das Schiff
In den Himmel hinauf.

Daddeldu ahoi!
Weites Herz und weite Hose!
Komm du salzigster Matrose!
Komm old sailor boy,
Ho – ruck!
Nur ein kurzer Pfiff,
Und schon saust das Schiff,
Durch die Meere – in tollem Lauf.
Nur ein kurzer Pfiff,
Und schon saust das Schiff
In den Himmel hinauf.

KATZE VOR ANKER

Schlafen die Bewohner
Von dem Gaffelschoner
Im Kajüt am Heck? –

Weil das Boot vor Anker liegt,
Hockt die Katze missvergnügt
Oben auf dem Deck.

Sieht sie Mäuse, Ratten? –
Doch der Wind hat sich gelegt.
Was sich einzig noch bewegt,
Ist ihr eigner Schatten.

Vor ihr liegt ein dickes Tau,
Rund geschlängelt, wie ein Kranz,
Viel viel länger als ihr Schwanz.
Ach, miau – miau.

Keine Ratte, keine Maus,
Keine Gasse und kein Haus,
Nichts, was mitmiaute.

Und die arme Katerbraut
Äußert ihren Kummer laut
Dort im Strom bei Flaute.

FAHRT MIT DADDELDU
(Rumba)

Alle Mann an Deck!
Unser Schiff ist leck –
Neunzehnhundertzweiundreißig – Rumba!
Eh wir untergehn,
Wolln wir uns noch drehn
Im Orkan – Windstärke 12 – im Rumba.

Kuttel Daddeldu
Klebt das Schiffsleck zu
Und steigt in den Mastkorb mit der Buttel.
Alles jubelt laut.
Durch die Buttel schaut
Nach dem Kap der Hoffnung unser Kuttel.

Und das Schifflein rollt.
Alles tanzt und tollt.
Schöne Nixen knicksen auf und nieder,
Und der Kapitän
Schmunzelt souverän.
Daddeldu singt furchtbar laute Lieder.

ICH komme und gehe wieder,
Ich, der Matrose Ringelnatz.
Die Wellen des Meeres auf und nieder
Tragen mich und meine Lieder
Von Hafenplatz zu Hafenplatz.

Ihr kennt meine lange Nase,
Mein vom Sturm zerknittertes Gesicht.

Dass ich so gern spaße
Nach der harten Arbeit draußen,
Versteht ihr das?
            Oder nicht?

VERZEICHNIS
DER GEDICHTÜBERSCHRIFTEN
UND -ANFÄNGE

—